Wolfgang Förster

Sozialer Wohnungsbau – Innovative Architektur
Social Housing – Innovative Architecture

Harry Seidler:

Wohnpark Neue Donau · Wien
Neue Donau Housing Estate · Vienna

Prestel
München · Berlin · London · New York

Danksagungen/**Acknowledgements**
Für Ihre Unterstützung, die das Erscheinen dieses Buches ermöglicht hat,
danken wir den folgenden Institutionen: / **This publication was made possible**
through the support of the following institutions:

ARWAG Holding AG
Magistrat der Stadt Wien
B.A.I. Bauträger Austria Immobilien GmbH

Auf dem Umschlag/cover: (Vorderseite/front) Wohnturm des Wohnparks
Neue Donau, Wien/Tower of Neue Donau Housing Estate, Vienna
(Rückseite/back) Typische Eingangssituation / A typical entrance
Fotografien/Photographs: Eric Sierins

Die Deutsche Bibliothek – CIP Einheitsaufnahme
Ein Titelsatz für diese Publikation ist bei der Deutschen Bibliothek erhältlich

Library of Congress Control Number: 2002103188

Prestel Verlag · Mandlstraße 26 · 80802 München
Tel. +49 (089) 38 17 09-0 · Fax +49 (089) 38 17 09-35
www.prestel.de

4 Bloomsbury Place · London WC1A 2QA
Tel. +44 (020) 7323-5004 · Fax +44 (020) 7636-8004

175 5th Ave., Suite 402 · New York, NY 10010
Tel. +1 (212) 995-2720, Fax +1 (212) 995-2733

www.prestel.com

Prestel books are available worldwide.
Please contact your nearest bookseller or write
to one of the above addresses for information
concerning your local distributor.

Translated from the German by Svitlana Teschl

Lektorat / Editor: Angeli Sachs
Copy-editing (English): Curt Holtz
Mitarbeit / Editorial assistance: Beatrix Birken
Herstellung / Production: Meike Weber
Reproduktion / Lithography: Trevicolor, Dosson di Casier
Druck / Printing: Sellier, Freising
Bindung / Binding: Conzella, Pfarrkirchen

Gedruckt auf chlorfrei gebleichtem Papier /
Printed on acid-free paper

Printed in Germany
ISBN 3-7913-2703-8

INHALT/CONTENTS

Einleitung

»Wien ist anders«. So lautet seit Jahren eine Selbstdar-
stellung der Stadt Wien. Für kaum einen Bereich dürfte
das so klar zutreffen wie für den Wohnungsbau. Entstanden als international beachtetes Reformwerk im Wien der
20er Jahre, wurde der soziale Wohnungsbau seit nunmehr 80 Jahren kontinuierlich weiterentwickelt. Heute leben 60 % aller Wiener Haushalte in geförderten Wohnungen, 220 000 davon in kommunalen Mietwohnungen.
Wien hat derzeit rund 1,7 Millionen Einwohner.

Harry Seidlers Wohnpark Neue Donau steht in dieser
Tradition und wäre ohne sie nicht möglich. Gleichzeitig
setzt Seidler – selbst in Wien geboren, aus dieser Stadt
vertrieben und spät ›zurückgeholt‹ – hier, an einem der
attraktivsten Bauplätze der Stadt, entscheidende Akzente, die ohne seine internationale Erfahrung nicht denkbar
wären. Es ist diese Symbiose aus lokaler Tradition und
weltstädtischer Qualität, die das Projekt aus vielen anderen hervorhebt; zugleich stellt sich die Frage nach den
Bedingungen dieses Erfolgs.

Nachzuspüren war daher den Kontinuitäten und Brü-
chen in der Geschichte des sozialen Wohnungsbaus in
Wien: angefangen bei der Wohnungssituation in der
Hauptstadt des Habsburgerreiches, die für die meisten
Bewohner nicht Glanz und Reichtum bereit hielt, sondern
unfassbare Not; über die revolutionäre Selbsthilfebewe-
gung der ›Wiener Siedler‹ nach dem Zusammenbruch
der Monarchie, ihren Anspruch auf selbstbestimmtes Leben und Wohnen in demokratischen Gemeinschaften.
Auf dieser Bewegung baute schließlich das ›Rote Wien‹
auf, erste sozialdemokratisch regierte Millionenstadt der
Welt, die trotz schlechtester wirtschaftlicher Voraussetzungen zehntausende ›Gemeindewohnungen‹ für die sozial Schwächsten errichtete und dabei städtebaulich völlig neue Qualitäten schuf.

Nach der Unterbrechung durch Faschismus und Krieg
setzte Wien weiterhin auf den öffentlichen Wohnungsbau. Wiederaufbau, Siedlungsbau, industrialisierte Wohnungsproduktion und nicht zuletzt ›sanfte‹, weil bewoh-
nerorientierte Stadterneuerung verbindet die grundsätzli-
che Auffassung, dass Wohnen nicht zur Gänze dem
freien Markt überlassen werden soll. Die Stadt hat dafür
ein umfangreiches rechtliches, finanzielles und adminis-
tratives Instrumentarium geschaffen; wichtige Bedingungen, etwa hinsichtlich der Infrastruktur, werden bei
Wohnbauprojekten vorab von der Stadt definiert und
auch finanziert. Ähnliches gilt für die Architektur. Denn
Wohnungsbau ist immer auch Städtebau.

Gleichzeitig muss sich der Wohnungsbau weiterentwi-
ckeln. Globalisierung und neue Medien verändern die
Gesellschaft und schaffen neue Herausforderungen. Mit
experimentellen Themensiedlungen versucht die Stadt
Anstöße zu geben: ökologische Experimentalbauten,
autofreie Siedlungen, gender mainstreaming auch in der
Planung, neue Formen des Wohnens und Arbeitens, In-
tegrationsprojekte. Viele dieser Experimente finden später in den normalen Wohnungsbau Eingang. Wettbewerbe sollen die Qualität steigern, zugleich aber Kosten
senken. Und nicht zuletzt soll innovative Architektur ge-

Introduction

"Vienna is different". For years this has been the city of
Vienna's logo. It seems that for no other part of its administration this is so fitting as for Vienna housing. Vienna's social housing originated from an internationally
acknowledged reform programme in the 1920s and has
been developed since then up until the present day. 60
% of all Vienna residents live in subsidised apartments,
including 220,000 in council housing. At present, Vienna has close to 1,7 million inhabitants.

Neue Donau Housing Estate, designed by Harry
Seidler, follows in the above tradition and would not
have been possible without it. Harry Seidler, who was
born in Vienna, was turned out from the city only to be
called back later to construct, on one of the most attractive sites in the city, an estate with decisive accents
not imaginable without his international experience.
There is an amalgamation of local tradition and metropolitan quality, which sets this project off from many
others; at the same time raising many questions about
its success.

Continuities and changes in the history of Viennese
social housing have to be investigated, therefore, starting off with the housing situation in the capital of the
Habsburg Empire – that offered most of its residents in-
comprehensible poverty rather than grandeur and afflu-
ence – via the revolutionary self-help movement of the
'Vienna settlers' after the collapse of the monarchy,
their demand for a self-determined life as well as
housing in a democratic community. Following this
movement, 'Red Vienna' emerged as the world's first
metropolis governed by Social Democrats who built
thousands of *Gemeindewohnungen* (council houses)
for the weakest strata of the population in spite of the
very severe economic conditions. They hereby developed completely new standards in city planning.

Following the break from fascism and war, Vienna
proceeded with public housing. The understanding that
housing should not be left completely to the free market has formed the starting point for reconstruction,
new housing, industrialised housing production, and
last but not least 'soft', i.e. residents-oriented urban renewal. For this purpose the municipality has established legal, financial and administrative instruments;
important conditions concerning, for example, infrastructure, are defined and financed by the municipality
in advance, and a similar approach is taken with re-
spect to architecture. Housing is always seen in connection to city planning.

At the same time residential housing must be developed further. Globalisation and new media have influenced the society and bring new challenges with them.
With experimental *Themensiedlungen* (theme-oriented
settlements), the city tries to set incentives: ecological
housing estates, traffic-free housing estates, 'gender
mainstreaming' in planning, new forms of living and
working, and integrative projects. Many of these experiments are later transferred to normal housing projects.
Competitions are supposed to improve the quality and

fördert werden. Dass dies auch für die Architektenseite attraktiv ist, zeigt die eindrucksvolle Liste internationaler ›Stars‹, die am Wiener sozialen Wohnungsbau beteiligt waren oder in laufenden Projekten engagiert sind: Adolf Loos, Josef Frank, Margarethe Lihotzky, Josef Hoffmann, Richard Neutra, Gerrit Rietveld, Peter Behrens in der Vergangenheit; und heute – um nur einige zu nennen – Jean Nouvel, Coop Himmelb(l)au, Herzog & de Meuron, Zaha Hadid oder Norman Foster. Und es mag eine Ironie des Schicksals sein, dass Wien schließlich mit Harry Seidler, Schüler und Weggefährte von Walter Gropius, Marcel Breuer, Oscar Niemeyer und Pier Luigi Nervi, einen Vertreter jener vom Bauhaus entwickelten Entwurfsmethodik einlud, der die Stadt ebenso wie ihre Architektenschaft von jeher skeptisch bis ablehnend gegenüber gestanden waren.

Harry Seidler hat auch den Vorteil des Beobachters von außen. In vielen Gesprächen hat er immer wieder betont, wie sehr ihn diese Wiener Tradition des Wohnungsbaus fasziniert, weil sie weit vom reinen Investorendenken der Neuen Welt entfernt ist: dass Städtebau umfassend und im sozialen Sinn verstanden wird; dass sich eine Stadt großzügige Förderungen, aber auch eine eigene Architekturabteilung leistet, usw. Und Harry Seidler sagt zugleich, dies habe sein Projekt in Wien entscheidend beeinflusst. Das Buch soll auch diesem Entwicklungsprozess nachgehen: von den ersten Skizzen – während einer Zugfahrt rasch hingeworfen – zum realisierten Projekt des Wohnparks Neue Donau, dessen Hochhaus mittlerweile zum Wahrzeichen des neuen Wiener Stadtteils geworden ist.

at the same time reduce costs. Last but not least, innovative architecture is subsidised. That this can be attractive for architects as well, is proven by an impressive list of international 'stars' who have participated in housing projects or are involved in current ones: Adolf Loos, Josef Frank, Margarethe Lihotzky, Josef Hoffmann, Richard Neutra, Gerrit Rietveld, Peter Behrens; and currently – only to mention a few – Jean Nouvel, Coop Himmelb(l)au, Herzog & de Meuron, Zaha Hadid and Norman Foster. It seems somewhat ironic, that Vienna has now invited Harry Seidler – a student and contemporary of Walter Gropius, Marcel Breuer, Oscar Niemeyer and Pier Luigi Nervi – and a representative of the design approach of Bauhaus, which the city as well as most of its architects had always regarded rather resentfully.

Harry Seidler has the advantage of being an outside observer. In many conversations, he has often emphasized how deeply he is fascinated by the Viennese tradition, because it is so different from the New World's pure investor's thinking. City planning here is understood in a comprehensive and social sense: it not only affords generous subsidies, but also its own architecture department, etc. Harry Seidler also states, that this situation has decisively influenced his Vienna project. This book intends to follow the process of its implementation: from the first sketches – drawn swiftly during a train journey – to the realised project of Neue Donau Housing Estate whose tower has become a symbol of this new part of Vienna.

I   80 Jahre sozialer Wohnungsbau in Wien

80 Years of Social Housing in Vienna

Wiens Gründerzeit – Traum und Wirklichkeit

Ende des 19. Jahrhunderts befand sich Wien als Residenzstadt und – gemeinsam mit Budapest – Hauptstadt eines 50-Millionenreichs städtebaulich am Höhepunkt; innerhalb von 50 Jahren hatte sich die Stadt von rund 400 000 auf mehr als zwei Millionen Einwohner verfünffacht. Die Mehrheit dieser Zuwanderer kam aus den östlichen Kronländern der Donaumonarchie. Die wirtschaftliche Entwicklung, ausgelöst durch den Aufstieg des Bürgertums nach dem Revolutionsjahr 1848, drückte sich in einem gigantischen Stadtumbau aus. Dem Schleifen der alten Stadtmauern, die Wien von seinen Vorstädten getrennt hatten, folgte der glanzvolle Ausbau der Ringstraße, deren historische Bauten den Anspruch des Bürgertums auf Repräsentation und Geschichte festschrieben. Mit der zunächst aus strategischen Gründen gebauten Stadtbahn wurde Wiens erstes leistungsfähiges Massentransportsystem errichtet. Gleichzeitig erfolgte ein großzügiger, auf weiteres Wachstum ausgelegter – und daher in manchen Fällen bis heute ausreichender – Ausbau der technischen Infrastruktur. Gegen den Historismus rebellierte Ende des 19. Jahrhunderts die Sezession, Wiens Variante des Jugendstils. Sie bescherte der Hauptstadt des Habsburgerreichs einen letzten glanzvollen Höhepunkt, der von einem Aufbruch der Künste, aber auch der Wissenschaften begleitet war. Historismus und Jugendstil prägen bis heute das (Selbst-)Bild der Stadt.

Aber natürlich gab es auch ein anderes Wien, das ein flüchtiger Besucher kaum zu Gesicht bekam: jenes der Armut in den Vororten, wo sich die Zuwanderer aus den östlichen Reichsgebieten konzentrierten. Zwar hatte die Stadt, vor allem unter dem populistisch agierenden christlich-sozialen (konservativen) Bürgermeister Karl Lueger ab 1895 ein umfangreiches Infrastruktur- und Kommunalisierungsprogramm realisiert; Sozialpolitik – ohnehin nur als Armenfürsorge verstanden – blieb dabei jedoch auf der Strecke. Und auf kaum einem anderen Gebiet wurde dies so deutlich wie im Wohnungswesen.

Wohnungsbau wurde, von wenigen Renommierprojekten abgesehen, ausschließlich dem privaten Kapital überlassen. Im Falle Wiens waren das, anders als etwa in Berlin, tausende von kleinen Grundbesitzern, die nunmehr mittels Bankkrediten zu Hausherren wurden. Der Staat verzichtete zudem auf jede Form des Eingriffs in die Mietverhältnisse; Mieten konnten jederzeit beliebig erhöht werden. Typisch für Arbeiterhaushalte waren Einmonatsverträge, die weite Teile der Bevölkerung zu ›Nomaden‹ machten. Trotz eines enormen Bauvolumens war die Wohnungsnot entsetzlich: »Es gibt Menschen, die jener vielbesungenen guten alten Zeit nachtrauern. Lassen wir die Ziffern zu ihnen sprechen: Das Obdachlosenasyl der Gemeinde beherbergte im Jahre 1910 64 222 Personen oder 3,28 % der Gesamtbevölkerung, darunter 7 058 Kinder. Im Jahre 1912 wurden 96 878 Menschen aufgenommen, unter ihnen 20 071 Kinder. Der private Asylverein allein, dessen Initiative die Gemeindeverwaltung den

Vienna in the Late Nineteenth Century – Dream versus Reality

At the end of the nineteenth century Vienna, the seat of the imperial court and together with Budapest, the capital of an empire of fifty million, had reached its zenith in urban development. Within fifty years the city had grown from about 400,000 to more than two million inhabitants. The majority of the immigrants came from the eastern regions of the monarchy. The economic development following the rise of the bourgeoisie after the 1848 revolution led to a gigantic urban reconstruction. The demolition of the old city walls, which had separated Vienna from its suburbs, was followed by the glamorous construction of the Ringstrasse avenue with its historic buildings that expressed the demand of the new bourgeoisie for representation and for its own history. Initially built due to strategic reasons, the new railway net offered an efficient public transport system. Simultaneously, the large investment in technical infrastructure was started, which in some cases remains adequate until today. At the end of the nineteenth century the *Sezession*, Vienna's variant of *Jugendstil*, rebelled against historicism. It gave the capital of the Habsburg Monarchy a last glamorous highlight, which was accompanied by great achievements in the arts and sciences. Historicism and Jugendstil have left their mark on the city until today.

But there was another Vienna, which a visitor passing by would hardly notice: the poverty in the suburbs, where immigrants from the eastern regions of the empire concentrated. It is true that the city under the populist Christian Social (conservative) mayor Karl Lueger pushed through an extensive infrastructure programme after 1895; but social politics, being understood merely as a poverty-relief programme, were almost non-existing. In no other area this became more obvious than in housing.

With few exceptions housing was exclusively left to private capital. As opposed to a city like Berlin, in Vienna thousands of small landowners became landlords by using bank loans. The state avoided any form of interference with the tenancy contracts, which meant that rents could be increased at any time. One-month contracts were common for workers and their families, hereby turning a large part of the population into nomads. In spite of enormous housing construction, the housing shortage was terrible: "There are people who miss the good old times. Let us speak to them in numbers. In 1910, the city's shelter accommodated 64,222 people or 3.28 % of the total population, including 7,058 children. In 1912, the number of people living in shelters was 96,878, including 20,071 children. The municipality left the main part of this social welfare to the initiative of the private shelter association that, in 1913, accommodated 461,472 persons, including 29,915 children." [1]

At the turn of the century no less than 95 % of all the apartments disposed of neither a WC nor water instal-

Löwenanteil dieser Fürsorge überließ, beherbergte im Jahre 1913 461 472 Personen, davon waren 29 915 Kinder.«[1]

Nicht weniger als 95 % aller Wohnungen verfügten um die Jahrhundertwende weder über WC noch Wasseranschluss und bestanden lediglich aus Küche und einem Zimmer. In solchen Kleinstwohnungen wohnten nicht selten mehr als zehn Personen, zudem wurden noch ›Bettgeher‹ aufgenommen, das heißt Betten wurden während der Nacht oder während des Tages an fremde Personen vermietet. Äußerlich freilich imitierten diese ›Mietskasernen‹ die Renaissancefassaden der Ringstraßenpalais: Der Architekt Adolf Loos sprach daher von einer »potemkinschen Stadt«. Die Wohnsituation in Wien war nach internationalen Vergleichen stets die schlechteste in Europa. Dies konnte nicht ohne Auswirkungen auf die Gesundheit ihrer Bewohner bleiben – Tuberkulose hieß nicht zufällig international auch ›Wiener Krankheit‹. Immerhin führte dies dazu, dass in der Wiener Bauordnung 1883 erstmals eine maximale Bebauungsdichte von 85 % festgelegt wurde. Diese Wohnungsmisere wurde natürlich auch politisch thematisiert und führte wiederholt zu Unruhen. Die Sozialdemokraten forderten in ihrem kommunalpolitischen Programm 1914 bereits den Bau von kommunalen Mietwohnungen, die Einhebung von dafür vorgesehenen Steuern sowie den forcierten Ankauf von Bauland. Dies scheiterte am Zensuswahlrecht, das etwa 1890 lediglich 53 948 männliche Personen zur Wahl zuließ und den Christlichsozialen stets eine bequeme Mehrheit sicherte.

Zu einem schwerwiegenden staatlichen Eingriff in das Wohnungswesen kam es erst während des Ersten Weltkriegs. Um die zunehmende Zahl von Kündigungen von Soldatenfamilien zu verhindern, wurde 1917 im österreichischen Teil der Monarchie ein zunächst bis 31. Dezember 1918 befristeter Mieterschutz eingeführt. Dieser schloss willkürliche Kündigungen und Mieterhöhungen aus – und ist in wesentlichen Teilen bis heute gültig. Im Zusammenhang mit der hohen Inflation führte er aber auch zu einer weitgehenden Entwertung der Mieteinnahmen und damit zum Ende des privaten Mietwohnungsbaus in Österreich nach dem Ersten Weltkrieg.

lation and consisted of a kitchen and one room. Often more than ten people lived in such a tiny apartment, and additionally beds were let to strangers during the night or during the day to be able to pay the high rents. On the outside these tenement buildings imitated the Renaissance facades of the Ringstrasse palaces: the architect Adolf Loos called them "Potemkin City". Compared to the rest of Europe Vienna housing standards were the worst. This had to have consequences for the health of its residents – it was not by chance that tuberculosis was also called 'Vienna disease' internationally. At least this situation led to the first fixing of a maximum building density of 85 % in the 1883 Vienna building regulations. The housing misery also became a political issue and repeatedly resulted in unrest. In their programme in 1914, the Social Democrats demanded that public housing estates be constructed; to introduce earmarked taxes for this purpose; and that land be acquired. This was prevented, however, by the then existing voting rights, which in 1890 allowed no more than 53,948 males with a high income to participate in elections, thereby ensuring the Christian Social Party a comfortable majority.

The first significant state intervention into housing issues took place during World War I. To avoid the increasing number of evictions of soldiers' families, a tenants' protection law was introduced in the Austrian part of the monarchy in 1917, limited until December 31, 1918. This law forbade evictions and rent increases, and is still valid today in substantial parts of Austria. In connection with the high inflation it led, however, to an extensive devaluation of the income from rent and accordingly to an end of private rental-housing construction in Austria after World War I.

1

Gründerzeitliche Fassaden in Wiener Arbeiterbezirken

Late nineteenth-century facades in working class areas

2

Typischer Grundriss mit Kleinstwohnungen

Typical minimum-space floorplan

3

Hinterhof einer typischen Mietskaserne

Courtyard in typical tenement building

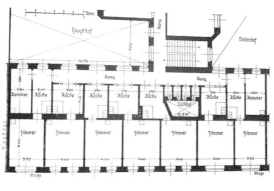

2

3

Die Wiener Siedlerbewegung: Wohnungsreform von unten

Der Zusammenbruch der Monarchie führte auch zu einer Flüchtlingswelle aus dem Osten und verschlechterte die Wohnsituation noch weiter; andererseits herrschte eine revolutionäre Stimmung, die eine in ihrer Radikalität und Qualität europaweit einzigartige Siedlerbewegung hervorrief. »Um alle Eigentumsrechte unbekümmert, besetzten die frierenden und hungernden Massen das Wiener Umland. Die Arbeiter begannen den Boden rings um die Städte und Industrieorte urbar zu machen, auf ihm Gemüse zu bauen und Kleintiere zu züchten. Der Acht-Stunden-Tag gab dieser Bewegung neuen Anstoß; tausende benutzten die eroberten Mußestunden zur Arbeit im Schrebergarten. So wurde Wien allmählich von 60 000 Kleingärten umgürtet. Die Wohnungsnot drängte weiter. Die Kleingärtner begannen, in ihren Gärten auch Wohnhütten zu bauen. Aus solchen vereinzelten Versuchen ging schließlich die Siedlerbewegung hervor (...). Allmählich wuchs aus der Initiative der Massen selbst ein ganzes System gemeinnütziger Bautätigkeit hervor. Die Siedlergenossenschaften bauten Häusergruppen von Einfamilienhäusern (...). Staat und Gemeinde decken den verlorenen Bauaufwand. Diese ganze Bewegung ist in vielerlei Hinsicht bemerkenswert. Der Ursprung aus der Initiative der Massen selbst zeigt die Schöpferkraft des durch die Revolution geweckten Betätigungsdrangs der Masse.«[2]

Die Stadt Wien, von den Siedlerorganisationen in mehreren Demonstrationen mit bis zu 100 000 Teilnehmern mit ihren Anliegen konfrontiert, bot schließlich Unterstützung an. Bürgermeister Jakob Reumann, von den Siedlern vor dem Rathaus auf einen einfachen Holztisch gestellt, versprach die Umwidmung bzw. den Ankauf von Land, die Bereitstellung von Baumaterial und professionelle Hilfe. Die Stadt gründete ein eigenes Siedlungsamt, die stadteigene GESIBA – später eine große Wohnungsgesellschaft – und stellte das Baumaterial zur Verfügung. Die Genossenschaften gründeten eigene Werkstätten, zum Beispiel zur Ziegel- und Fensterproduktion.

Doch bald ging es um mehr als um bloßes Wohnen: »Von allem Anfang an hatte die Genossenschaft beschlossen, die Siedlung mit einem verhältnismäßig reichen Apparat kultureller und sozialer Einrichtungen auszustatten (...). Dem berechtigten Verlangen nach ruhiger und persönlicher Behausung, die der Entfaltung und Ausbreitung der Individualitäten breiten Spielraum gewährte, war durch eine Fülle von Gemeinschaftseinrichtungen das Gegenteil zu halten, um den notwendigen Ausgleich, die Harmonie der Individual- und Sozialgefühle durchzusetzen. Ein Genossenschaftshaus ist das Herz und das Hirn einer Siedlung, Rathaus, Erholungsheim, Klub, Theater, Konzerthaus, Volksuniversität zu gleicher Zeit. Hier wächst der leicht zu verengende Sinn des Kleingärtners und Einfamilienhäuslers ins soziale, allgemeine, bedeutsame. Die Vereinzelten werden hier zur fühlenden Gemeinschaft. Die Ideologie der Siedlung als soziale Kategorie wird hier geboren und strahlt wieder

The Vienna Settlers' Movement: Grassroot Housing Reform

The collapse of the monarchy brought a wave of refugees from Eastern Europe hereby increasing the housing shortage – a revolutionary atmosphere prevailed, which produced a radical squatter movement unique in Europe: "The freezing and hungry people occupied Vienna's suburbs without respecting ownership. The workers started to cultivate the soil around the cities and the industrial areas to grow vegetables and breed small livestock. The eight-hour working day gave new impulse to this development; thousands used their newly achieved spare time to work on allotments. Thus Vienna gradually became encircled by 60,000 of the latter, increasing the housing shortage even more. The allotment users started to build cabins in their gardens. The settlers' movement finally emerged from these isolated attempts ... Gradually the initiative of the masses grew to an entire system of non-profit building activity. The settler cooperatives built housing blocks, which consisted of single-family dwellings ...The state and the city made up for the lost building costs. The entire movement is remarkable in many respects. Its origin, initiated by the masses, shows the creative activity roused by the revolution."[2]

The city of Vienna, confronted with petitions from settlers' organizations and demonstrations with up to 100,000 participants, finally offered its support. Mayor Jacob Reumann, standing on a plain wooden table in front of the City Hall, promised the purchase and development of land, the supply of building materials and professional assistance. The city established its own *Siedlungsamt* (municipal settlement office), and the city-owned GESIBA – which later became an important housing developer – distributed building materials. Cooperatives, for example, founded their own workshops, for the production of bricks and windows.

However, the issue not only involved housing: "From the very beginning the cooperative had determined to equip the settlement with relatively numerous cultural and social facilities ... Contrary to the justified demand for a quiet and private dwelling, ensuring a wide margin for the development and enrichment of individuality, it was necessary to offer many communal facilities to achieve a proper balance and harmony of individual and social feelings. A cooperative house is the heart and the brain of a settlement, a town hall, a recreation area, a club, a theatre, a concert hall, an adult education centre, all at the same time. Here the narrow view of a gardener and a single-family house owner grows into a more socially orientated and meaningful vision. The isolated also become a part of a more emotional community. The ideology of the settlement as a social category is born here and will affect both the entirety and its individual parts. Here is the seat of a freely elected administration, of political battles, of the spreading of knowledge, of artistic experience and of celebrations. A major part of the spirituality of the Vien-

auf das Ganze und seine Teile aus. Hier ist der Sitz der frei gewählten Verwaltung, der politischen Kämpfe, der Verbreitung des Wissens, der künstlerischen Erlebnisse, der Feste. Und ein hohes Maß von Geistigkeit der Wiener Siedlungsbewegung offenbart sich darin, dass für fast alle Siedlungen ein solches Zentrum im Mittelpunkt der Hoffnungen stand.«[3] Prominente Künstler beteiligten sich an der Ausgestaltung der Genossenschaftshäuser, deren Bau unter anderem durch eine amerikanische Quäkerorganisation finanziell unterstützt wurde.

Siedler mussten sich zur Eigenarbeit am Bau – meist 2 000 Stunden pro Haus – verpflichten; doch wurde die Siedlung einschließlich der Gemeinschaftseinrichtungen erst fertiggestellt, danach die einzelnen Häuser durch Losentscheid zugeteilt. Erstaunlich ist besonders die bauliche und architektonische Qualität der rund 15 000 Reihenhäuser in 50 Siedlungsanlagen. Vor allem Adolf Loos, einige Zeit Chefarchitekt des Siedlungsamtes der Stadt Wien, war maßgeblich an der Schulung der Genossenschaften beteiligt. Sein Reihenhausprojekt des ›Hauses mit einer Mauer‹, Querscheiben mit nichttragenden Fassadenelementen aus billigen Ersatzbaustoffen, konnte er ansatzweise in der Siedlung Heuberg realisieren. Seine Mitarbeiterin, Margarethe Lihotzky, entwarf für ein einfaches Siedlungshaus die vermutlich weltweit erste Einbauküche, die sie später zur berühmten ›Frankfurter Küche‹ weiterentwickelte. Der Werkbund-Architekt Josef Frank plante ebenfalls mehrere Siedlungen in einer stark rationalistischen Reihenhausarchitektur. Damit hatte die Wiener Siedlerbewegung als Bewegung ›von unten‹ vieles vorweg genommen, was später als Wohnungsbau des ›Roten Wien‹ weltweit Beachtung finden sollte.

na settlers' movement is revealed in a centre such as this, which almost all settlements put into the middle of their hopes."[3] Prominent artists took part in the interior design of cooperative houses; the construction was partly financially supported by an American Quaker Organization.

Settlers had to work on the site themselves, mostly 2,000 hours per house; however, the settlement – including communal facilities – was completed first, after which separate houses were distributed by lot. The technical and architectural quality of these nearly 15,000 terrace houses in fifty settlements astounds. Adolf Loos, chief architect of the Vienna Settlement Office (Siedlungsamt) for some time, collaborated substantially in teaching the cooperatives. He partially realised his terrace house project – entitled 'House with one wall' – in the Heuberg estate consisting of horizontal slabs with non-supporting front elements made of cheap substitution materials. For such a simple terrace house his collaborator, Margarethe Lihotzky, sketched what was presumably the world's first built-in kitchen which she later developed into the famous 'Frankfurt Kitchen'. Josef Frank, coming from the Austrian Werkbund, also planned several settlements in a very rationalistic style. As a result, the Vienna settlers, as a true grassroots movement, anticipated in many ways what would later attract worldwide interest: the housing policies of 'Red Vienna'.

4

Illegale »Brettldörfer« in den Vorstädten, 1918 / 1919

Illegal self-built shacks in suburban areas, 1918/19

5

Demonstration der Wiener Siedler vor dem Rathaus, 3. April 1921

Demonstration of Vienna settlers demanding housing help in front of Vienna's City Hall, April 3, 1921

6

Bürgermeister Jakob Reumann verspricht Unterstützung für die Siedler, 3. April 1921

Mayor Jakob Reumann promising financial and organisational support for new housing, April 3, 1921

7

Siedlerfrauen beim Hausbau, Siedlung Rosenhügel, 1921

Settler women at self-help cooperative housing construction, Rosenhügel Estate, 1921

4   5   6   7

Das Rote Wien

Nach dem Zerfall der Habsburgermonarchie und der Einführung eines allgemeinen, gleichen und direkten Wahlrechts auch auf kommunaler Ebene – anstelle des alten Zensuswahlrechts, das lediglich Wahlberechtigte mit einer überdurchschnittlichen Steuerleistung zugelassen und damit der christlich-sozialen ›Hausherrenpartei‹ eine Mehrheit gesichert hatte – errang die Sozialdemokratische Partei am 4. Mai 1919 mit 54,2 % der Stimmen die absolute Mehrheit im Wiener Gemeinderat. Anders als auf der gesamtstaatlichen Ebene konnte sie diesen Vorsprung in Wien bis 1934, dem Ende der Demokratie in Österreich, sogar noch ausbauen und erreichte 1927 mehr als 60 % der Stimmen. 1945, in den ersten freien Wahlen nach dem Faschismus, errangen die Sozialdemokraten neuerlich die absolute Mehrheit im Wiener Gemeinderat, die sie auch heute halten. Zur Umsetzung sozialdemokratischer Reformen bedurfte es aber auch einer vom Bund, der ab 1920 von bürgerlichen Parteien regiert wurde, unabhängigen Steuergesetzgebung. Mit der Gründung eines eigenen, von Niederösterreich abgetrennten Bundeslandes Wien am 1. Januar 1922 konnte jene Steuerhoheit erreicht werden, die der Stadt die finanziellen Mittel für ihr kommunalpolitisches Programm zuführte. Das ›Rote Wien‹ war damit möglich geworden.

Diese Entwicklung ging in ihrer Bedeutung weit über Österreich hinaus. Wien war zu diesem Zeitpunkt die einzige Millionenstadt der Welt mit sozialdemokratischer Verwaltung; nur hier konnten erstmals die Grundsätze einer linken Reformpolitik erprobt werden. Andererseits stand der ›Austromarxismus‹ streng auf der Grundlage einer parlamentarischen Verfassung, wollte also die angestrebte umfassende gesellschaftliche Veränderung – anders etwa als die Räterepubliken im benachbarten Bayern und Ungarn – trotz einer revolutionären Stimmung in der österreichischen Arbeiterschaft auf demokratischem Weg erreichen. Entsprechend groß war die internationale Aufmerksamkeit.

Tatsächlich wurde in den Jahren 1919 bis 1934 ein beeindruckendes Reformwerk umgesetzt. Dieses umfasste neben wirtschaftspolitischen Maßnahmen – wie der Modernisierung bzw. Neugründung städtischer Unternehmen – die Einführung stark progressiver Steuern sowie den Ausbau des Bildungs-, Fürsorge- und Gesundheitssystems. Zum Kernpunkt der neuen Kommunalpolitik sollte allerdings der Wohnungsbau werden. Hier, im unmittelbaren täglichen Lebensbereich sollte der Unterschied zwischen kapitalistischem ›Wohnungswucher‹ und sozialistischer Kommunalpolitik direkt erfahrbar werden. Wohnen sollte mehr sein als bloße ›Behausung‹, der ›Gemeindebau‹ verstand sich als räumlich konzentrierter Ausdruck der neuen Gesellschaft, der ein breites Angebot an Infrastruktur wie Bildung, Gesundheit und Kultur mit einschloss, als Realisierung einer sozialen Utopie. Da man die kapitalistische Gesellschaft nicht beseitigen konnte, wollte man wenigstens zeigen, welcher Großtaten eine sozialistische Gesellschaft fähig sei, ja mehr noch: » (…) große Städte vermögen schon in der kapitalistischen Gesellschaft ein tüchtiges Stück sozialistischer

Red Vienna

After the collapse of the Habsburg monarchy and the introduction of an equal, universal and direct right to vote, which replaced a system that had reserved the right to individuals with high taxable income – hereby automatically favouring the Christian Social 'landlords' party – the Vienna Social Democratic Party achieved an absolute majority of 54.2 % on May 4, 1919. Unlike in national elections, the Social Democrats could even improve this result in Vienna until 1934, the end of the democracy in Austria, and gained more than 60 % of votes in 1927. In 1945, the Social Democrats again won an absolute majority in the first free elections after the fall of fascism. They hold this position up to the present day. To introduce the social-democratic reforms it was necessary to gain independence of the national tax legislation, as Austria was ruled by conservative parties after 1920. This tax sovereignty, providing the city with a budget for its ambitious reform programme, could be achieved after establishing an own *Bundesland* (Province) of Vienna, on January 1, 1922. 'Red Vienna' herewith became possible.

This development exceeded the boundaries of Austria in its significance. At that time Vienna was the only metropolis in the world with a social-democratic municipality; the implementation of a left-wing reform policy could be tested here for the first time. On the other hand, the ideology of 'Austro-Marxism' was strictly based on the principles of a parliamentary constitution aiming at achieving a comprehensive change of society in a democratic way – in spite of the revolutionary mood in the Austrian labour force, and contrary to the Marxist regimes in neighbouring Bavaria and Hungary. Not surprisingly, this created considerable international interest.

Impressive reform activities were carried out between 1919 and 1934. In addition to economic measures such as modernisation and establishment of public enter-

8

Wohnungsbau als Wahlversprechen: Plakat der Wiener Sozialdemokraten 1923, Grafik: Viktor Slama

Election campaign focussing on new housing, election poster of the Vienna Social Democrats, 1923, design: Viktor Slama

Arbeit zu leisten. Eine sozialdemokratische Gemeinderatsmehrheit kann auch im kapitalistischen Staat zeigen, welch schöpferische Kraft dem Sozialismus innewohnt.«⁴ Diese Vorwegnahme des Neuen Wien in den Gemeindebauten entsprach der politischen Haltung des Austromarxismus. Die Bauten wurden zum Symbol der Stärke, was sich zumindest äußerlich auch heute noch erkennen lässt: So dokumentieren die Hofbezeichnungen (Marx-, Engels-, Adler-, Bebel-, Liebknecht-, Matteottihof etc.) das »Recht auf Geschichte der Arbeiterklasse«. Die Architektur wird zum Träger dieser sozialen Utopie. Neben den zahlreichen Gemeinschaftseinrichtungen und dem Hof als zentralem Kommunikationsbereich symbolisiert dies auch die ästhetische Gestaltung.

Die entscheidende Frage beim sozialen Wohnungsbau blieb natürlich die Finanzierung. Da die alte Mietzinssteuer und die Bodenwertabgabe durch die Inflation und die Entwertung der Mieten praktisch keine Einnahmen mehr brachten, mussten neue Abgaben eingeführt werden. Dies wurde durch die neue Landes- und Steuerhoheit Wiens ab 1922 erleichtert, da die absolute Mehrheit der Sozialdemokraten im Gemeinderat ihr Abgabenprogramm ohne Einspruchsmöglichkeiten der christlich-sozialen Regierung verwirklichen konnte. Die für den Wohnungsbau wichtigsten und zum Teil zweckgebundenen Steuern waren die Grundsteuer, die Wertzuwachssteuer und die 1923 eingeführte Wohnbausteuer, die nach Wohnungsgröße gestaffelt war. Demnach waren für eine einfache Arbeiterwohnung jährlich durchschnittlich 2,083 % der Vorkriegsmiete an Steuer abzuführen, bei Luxuswohnungen bis zu 36,64 %. Diese starke Progression unterscheidet die Finanzierung des öffentlichen Wohnungsbaus von praktisch allen anderen Ländern Europas. In Zusammenarbeit mit diversen anderen ›Luxussteuern‹ – z. B. auf Autos und Hauspersonal – erbrachte die Wohnbausteuer im Jahre 1927 etwa 36 % der gesamten Steuereinnahmen bzw. 20 % der Gesamteinnahmen des Landes Wien. Da man seitens der Gemeinde die Baukosten als verlorene Investition betrachtete, stellte die Miete eine reine Instandhaltungsmiete dar: »Der Zins in den städtischen Wohnhäusern beträgt deshalb etwa ¹/₂₅ dessen, was in Anbetracht der gegenwärtigen Baukosten bei Annahme einer Verzinsung in der Höhe der jetzigen Bankrate (13 %) und ohne Berücksichtigung des Grundwertes als Mietzins zu berechnen wäre.«⁵

Bei einem durchschnittlichen Monatsverdienst von 222 Schilling betrug 1925 die Bruttomiete ohne Heizung für eine der neuen Gemeindewohnungen 7,60 bis 9,60 Schilling, also 3,4 bis 4,3 %. Dies beinhaltete bereits die Nutzung sämtlicher Wohnfolgeeinrichtungen. Die Vergabe der Wohnungen erfolgte durch ein ausgeklügeltes Punktesystem, das die soziale Bedürftigkeit – vor allem Obdachlosigkeit sowie gesundheitsschädliche oder stark überbelegte Wohnungen – berücksichtigte.

Neben der Finanzierung waren zwei weitere wesentliche Voraussetzungen für ein soziales Wohnungsbauprogramm zu schaffen: die Verfügung der Kommune über ausreichendes Bauland und die notwendigen Rahmenbedingungen innerhalb der Verwaltung selbst. Beim An-

prises, reforms included the introduction of strongly progressive taxes, as well as the development of educational, health and care institutions. Housing, however, became the key issue of the new government. Here, in day-to-day life, the difference between capitalistic 'usury' and socialist municipal politics could be experienced by everyone. Housing was to be more than a simple dwelling, the *Gemeindebau* (council housing) becoming the nucleus of the new society. It therefore included a wide variety of infrastructures – education, health, and culture – that could be seen as a first realisation of a social Utopia. As the capitalistic society could not be overthrown, the task was to show what a socialist society was able to achieve: "... big cities are able, even in a capitalistic society, to carry out a considerable piece of socialist work. A social democratic majority in the City Council can also show in a capitalistic state what creative power is inherent in socialism".⁴

This anticipation of New Vienna in council housing conformed to the political morale of Austro-Marxism. Housing estates became a symbol of power, which to some extent can still be seen today. The 'right' of the labour class 'to its own history' was documented by estate names (Marx-, Engels-, Adler-, Bebel-, Liebknecht-, Matteottihof, etc.). Architecture served as a physical expression of this social Utopia, which is best symbolised by the numerous communal facilities, by the courtyards serving as a central communication area, and last but not least by the architecture itself.

Naturally, the financing remained the vital question in social housing. Since the old rent and land value tax did not bring in enough income anymore as a result of hyperinflation, new taxes had to be introduced. This was facilitated by the new tax sovereignty of Vienna starting in 1922, as the Social Democrats in the City Council could adopt such regulations without the conservative federal government having any right to object. Most important were the new land tax, the incrementvalue tax and, above all, the new housing tax, which was introduced in 1923. According to this innovative taxation scheme a simple worker's apartment was taxed annually at an average of 2.083 % of the pre-war rent, luxury apartments up to 36.64 %. This strong progression distinguished the financing of public housing from all other European countries. Along with other 'luxury taxes' on vehicles and maids, for example, the housing tax equalled about 36 % of all tax revenues, or 20 % of the total revenues of the Province of Vienna in 1927. Since the city considered building costs as a lost investment, rents were in fact merely pure maintenance fees: "The rent in the council housing equals about ¹/₂₅ of the rent which would be needed to refinance the current building costs and the current bank interest rate (13 %), without accounting for the value of land."⁵

With an average monthly income of 222 shillings, the gross rent, without heating, amounted to 7.60 to 9.60 shillings for one of the new apartments in 1925, which was 3.4 to 4.3 % of the income. It covered the use of all communal facilities. The allocation of apartments was organized through a complex score system which, first

kauf des Baulandes, der mangels Enteignungsgesetzen weiterhin auf dem privaten Markt erfolgen musste, kam der Gemeinde der starke Preisverfall auf Grund des Mieterschutzes und mangelnder privatwirtschaftlicher Konkurrenz entgegen. So konnte der städtische Grundbesitz von 1918 im Ausmaß von 4690 Hektar bzw. 17% des Gemeindegebietes bis 1931 annähernd verdoppelt werden, sodass die Stadt über rund ein Drittel aller Flächen verfügte. Da man außerdem nicht genutztes Bauland höher besteuerte, konnten allein im Jahr 1923 2,6 Millionen Quadratmeter angekauft werden. Dies ermöglichte 1924 einen beeindruckenden Start des Wohnungsbauprogramms auf 40 Baustellen gleichzeitig.

Die bereits am 31. Mai 1920 beschlossene Verwaltungsreform der ehemaligen Residenzstadt hatte 54 neue Magistratsabteilungen in sieben Geschäftsgruppen geschaffen. Die Geschäftsgruppe ›Sozialpolitik und Wohnungswesen‹ wurde 1927 geteilt, für ›Wohnungswesen und Wohnungsbau‹ war nunmehr ein eigener Ressortpolitiker als ›amtsführender Stadtrat‹ zuständig. Innerhalb dieser Geschäftsgruppe besorgte das Stadtbauamt, das über eine eigene Architekturabteilung mit ca. 20 Architekten verfügte, die gesamte Umsetzung des Wohnungsbauprogramms. Die Planung erfolgte – vor allem am Anfang und bei kleineren Projekten – durch die Architekturabteilung, die sich später auch selbst an Wettbewerben beteiligte. (So wurde der symbolträchtigste Bau des ›Roten Wien‹, der Karl-Marx-Hof, von Karl Ehn, einem beamteten Mitarbeiter des Stadtbauamtes entworfen.) Vor allem aber organisierte das Stadtbauamt die öffentliche Ausschreibung aller Bauarbeiten sowie die Materialbeschaffung und -standardisierung und eine umfassende Qualitätskontrolle. Tatsächlich zeichnen sich die Gemeindebauten der 20er Jahre bis heute durch ihre hohe Bauqualität aus.

Ab 1923 wurden zunehmend private Architekturbüros – zum Großteil über Direktbeauftragung, teilweise über Wettbewerbe – mit der Planung beauftragt. Erklärtes Ziel der Stadt war es, möglichst viele Architekten zu beschäftigen, da diese mangels privater Bauaufträge praktisch von der öffentlichen Hand abhängig waren. Bis 1934 wurden für rund 400 Gebäude nicht weniger als 190 Architekten herangezogen. Diese waren in der äußeren Gestaltung der Bauten erstaunlich unabhängig; neuere Analysen belegen, dass es kaum Gestaltungsvorschriften

of all, took into account social needs such as homelessness and health threatening or overcrowded apartments.

Along with financing, two other preconditions for a social housing programme had to be met: the disposal of available building sites by the city and the necessary requirements within the administration itself. Because of the lack of expropriation laws, the purchasing of sites had to take place on the private market; but the city profited from a severe decrease in land prices as a consequence of the tenants' protection act and the lack of private construction. Thus municipal land property, about 4,690 hectares or 17% of the whole city surface in 1918, was almost doubled until 1931, when the municipality nearly owned $\frac{1}{3}$ of the total area. As unused sites were taxed higher, 2,6 million square metres were purchased in 1923 alone. This allowed for an impressive simultaneous start of the municipal housing programme on forty sites in 1924.

An administrative reform was passed on May 31, 1920, creating fifty-four new municipal departments in seven administrative groups. The administrative 'Social Policies and Housing' group was split in 1927, with its own administrative 'Councillor for Housing and Housing Construction'. Within this administrative group the Office for Urban Construction (Stadtbauamt), with its own architecture department of roughly twenty architects, handled the complete implementation of the housing programme. The planning of small projects was carried out by the architecture department itself, which later also took part in competitions. (The most symbolic building of Red Vienna, Karl-Marx-Hof, was designed by Karl Ehn, an officer at the department of architecture.)

The Office for Urban Construction mainly organized the public tenders for all construction as well as the acquisition of all building materials, as well as standardisation and quality control. Council housing from the 1920s still profits from these high standards.

After 1923, private architects were increasingly commissioned with new housing projects, mostly by direct contracts and partially by competitions. The clear objective of the city was to engage a maximum number of architects, who in practice depended on the state in absence of private construction. Until 1934, approximately 190 architects were engaged to design 400 buildings. They were surprisingly independent in their design of the buildings' exteriors; new analyses show that there were hardly any design regulations. This explains the architectural variety of the building programme. Apart from the rather ideological discussion about high-rise versus low-rise buildings – which was pragmatically solved in favour of multi-storey housing due to the lack of suitable sites within the narrow borders of the Province of Vienna – there was little architectural debate during the first years. On the other hand, the city provided exact instructions regarding the size of the apartments, the amount of infrastructure and the use of standardised building parts.

9

gab, was die architektonische Vielfalt des Bauprogramms erklärt. Sieht man von der jahrelangen ideologisch aufgeheizten Diskussion um »Hochbau oder Flachbau« ab, die letztlich unter Hinweis auf mangelnde Grundstücke innerhalb der engen Landesgrenzen pragmatisch zugunsten des Geschosswohnungsbaus entschieden wurde, fand zunächst auch kaum eine intensive Architekturdebatte statt. Andererseits gab es eindeutige Vorgaben der Stadt hinsichtlich Wohnungsgröße, Infrastruktur und der Verwendung standardisierter Bauteile.

Wohnungsbau als Teil einer sozialen Stadtplanung

Zwar hatte die Stadt Wien schon unmittelbar nach Kriegsende einige kommunale Miethäuser errichtet, darunter den Metzleinsthaler-Hof des Architekten Hubert Gessner, doch konnte erst mit Hilfe der neu eingeführten Wohnbausteuer ein umfangreiches Bauprogramm gestartet werden. Am 21. September 1923 beschloss der Gemeinderat für die Periode 1924 bis 1928 den Bau von 25 000 Wohnungen, ein Programm, das Ende 1927 sogar vorzeitig erfüllt wurde. Daher erweiterte der Gemeinderat sein erstes Programm auf 30 000 Wohnungen und beschloss, in den Jahren 1929 bis 1933 weitere 30 000 Wohnungen zu bauen. Insgesamt wurden von der Gemeinde Wien innerhalb von 14 Jahren 61 175 Wohnungen in 348 Wohnhausanlagen, außerdem 42 Siedlungsgruppen mit 5 257 Siedlerhäusern und 2 155 Geschäftslokale errichtet. 1934 wohnte bereits ein Zehntel der Wiener Bevölkerung in Gemeindewohnungen.

Das Bauprogramm von 1923 sah zwei Wohnungstypen vor: Der kleinere (35 qm) bestand aus Zimmer, Küche, Vorraum und WC, der größere (45 qm) verfügte über ein zusätzliches Kabinett. Ab 1925 versuchte man, diese Grundtypen schrittweise bis zu 57 qm zu vergrößern, außerdem stattete man nun die meisten Wohnungen mit Balkonen aus. Schon im Beschluss von 1923 war der Bau von Gemeinschaftseinrichtungen festgelegt worden. Die Ausstattung der Gemeindebauten mit Versammlungsräumen, Bädern, Kindergärten, Versuchs- und Lehrwerkstätten, Waschküchen, Mütterberatungsstellen, Ambulatorien, Tuberkulosestellen, Schulzahnkliniken, Turnhallen, Bibliotheken, Konsum-Läden etc. kann nicht einfach nur als Ausgleich für die sehr kleinen Wohnungen gewertet werden, sondern stellt tatsächlich einen wichtigen Schritt zur gesellschaftlichen Weiterentwicklung im Bereich des Wohnens dar.

Bei den Wohnungsgrundrissen hatte sich schon mit dem ersten ›echten‹ Gemeindebau, dem 1919 errichteten Metzleinsthaler-Hof, eine ›Gemeinde-Wien-Type‹ entwickelt, die zur verbindlichen Grundlage für weitere Planungen wurde. In radikaler Abkehr von den gründerzeitlichen Mietskasernen erfolgte die Erschließung nun über Treppenhäuser mit meistens vier Wohnungen pro Geschoss; der lange Gang der Spekulationsbauten aus der Vorkriegszeit war damit überwunden. Da anstelle dunkler Hinterhöfe nun begrünte Höfe entstanden, entfiel auch

Housing as Part of Social Urban Development

Although the city of Vienna had built some council housing estates shortly after the war, including Metzleinsthaler-Hof by architect Hubert Gessner, a comprehensive building programme could only be started with the help of the newly introduced housing tax. On September 21, 1923, the City Council adopted a programme to erect 25,000 apartments from 1924 to 1928. This programme was already completed in 1927. Therefore, the city extended its first programme to 30,000 apartments and decided to construct another 30,000 apartments until 1933. Within fourteen years, the city of Vienna completed 61,175 apartments in 348 housing estates, 42 settlement groups with 5,257 terrace houses and 2,155 commercial premises. One tenth of the inhabitants of Vienna lived in council housing estates in 1934.

The building programme of 1923 provided two types of apartments: the smaller apartment (35 m²) had one room, kitchen, anteroom, and toilet; the larger one (45 m²) also had a small bedroom. Since 1925 these basic types were gradually enlarged up to 57 m², while most of the apartments were now equipped with balconies. Communal facilities were part of all the estates following the decision of the City Council in 1923. The meeting rooms, bath houses, kindergartens, educational workshops, laundries, mother-and-child centres, health centres, special tuberculosis prevention centres, dental practices for school children, sports halls, libraries, cooperative shops, etc. were not only a compensation for the small apartments, but actually represented an important step in the societal development in the area of housing.

With the first 'genuine' council housing estate, Metzleinsthaler-Hof, built in 1919, a new layout plan was developed; this 'Vienna council housing type' became a standard for all further designs. Varying strongly from the rental housing staircases out of nineteenth century, it now provided access to typically four apartments per floor; the long corridor in the speculation tenement buildings of the pre-war period was abolished. Green courtyards replaced the former dark backyards, thus lessing the contrast between the well-lit apartments facing the street and the less attractive courtyard apart-

10

Bügelraum als Teil der Gemeinschaftseinrichtungen der Gemeindebauanlage Tivoli, 1928

Typical communal facilities including washing, ironing and children day care centres, at Tivoli public housing estate, 1928

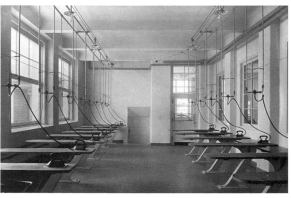

10

der Gegensatz von guten Straßen- und schlechten Hofwohnungen. Jede Wohnung hatte über WC und Wasserentnahme zu verfügen, ebenso über ein Vorzimmer. Zum Inbegriff der Gemeindewohnung wurde die ›Wohnküche‹, ein Wohnzimmer mit Kochnische, das auch die Beheizung mittels Kohleherd, später Gasherd, ermöglichte; auf Badezimmer und Zentralheizung wurde aus Kostengründen verzichtet. Neben den normalen Wohnungen entstanden auch vereinzelt Künstlerateliers und größere Ordinationswohnungen für Ärzte.

Im Gegensatz zu den Bauten etwa des Neuen Frankfurt, die vor allem den privaten Raum zu optimieren suchten, lag das Schwergewicht in Wien damit auf einer Sozialisierung des Wohnens. So wurde betont, man wolle die »Befreiung der Hausfrau« durch Auslagerung von Haushaltsfunktionen in Gemeinschaftseinrichtungen fördern.[6] Diese würden zugleich die Überlegenheit der sozialistischen Stadt nach außen demonstrieren – in den Gemeindebauten sollten all jene sozialen Errungenschaften konzentriert werden, die den Unterschied zur privatkapitalistischen Stadt des 19. Jahrhunderts deutlich darstellten. So kam die verbesserte Infrastruktur wie etwa Kindergärten auch den Bewohnern der umliegenden Stadtteile zugute.

Schließlich gab das Stadtbauamt auch die standardisierten Bauteile vor. Türen, Fenster, Beschläge, Treppengeländer, Armaturen und Sanitärgegenstände, Gasherde, ja selbst Gartenbänke wurden nach Ausschreibung in großer Menge – oft für das Bauprogramm eines ganzen Jahres[7] – bestellt. Dies erklärt auch, weshalb Gemeindebauten der 20er Jahre trotz großer architektonischer Vielfalt im Stadtbild deutlich erkennbar sind – Implantate einer neuen Baugesinnung und »proletarischen Identität« in der gründerzeitlichen Stadt.

Dennoch unterscheiden sich die Wiener kommunalen Bauten stilistisch von der gleichzeitigen Architektur des neuen Bauens, vor allem in Frankfurt und Berlin. Dies fiel natürlich auch Zeitgenossen auf: So sprach der deutsche Dramatiker Ernst Toller 1926 von »proletarischen Kulturformen« im Gegensatz zum »bürgerlichen« deutschen Funktionalismus; andere waren weniger verständnisvoll: Der Architekt Josef Frank, selbst Planer mehrerer Gemeindebauten, wollte dem ironisch als »Volkswohnungspalast« titulierten Typus eine einfachere »proletarische Architektur« entgegensetzen; Adolf Loos und andere Ver-

ments. Each apartment now had a toilet and water supply facilities, as well as a small anteroom. Typical for council housing was the *Wohnküche*, a living room with kitchenette, which allowed for heating with a coal and later a gas stove. To reduce the costs no private bathrooms or central heating were built. In some cases artists' workshops and larger apartments for doctors were also included.

Contrary to the buildings of New Frankfurt, which first of all intended to maximize private living areas, Vienna emphasized the socialisation of housing. Politicians stressed that the "liberation of housewifes" could be promoted through transferring household functions to the communal facilities.[6] At the same time these communal facilities would demonstrate the superiority of a socialist city – the council housing estates comprising of all those social achievements, which represented the difference to the nineteenth-century capitalistic city. The improved infrastructure was also a benefit to the residents of the surrounding area, including kindergartens, for example.

The Stadtbauamt standardised the building parts. Doors and windows, as well as door knobs, banister rails, fittings, hand basins, gas stoves and even garden benches were subject to tender and were ordered in a great volume, often for the building programme of a whole year.[7] This also explains why the housing estates of the 1920s, in spite of their architectural variety, are easy to recognise, representing implants of a new planning ideology and a 'proletarian identity' in the late nineteenth-century urban fabric.

Still, the style of Vienna public housing differs from new building in other European cities, notably in Frankfurt and Berlin. This phenomenon raised a great deal of interest: the German writer Ernst Toller, in 1926, described the Vienna housing projects as "proletarian forms of culture" in contrast to "bourgeois" German functionalism. Others were less sympathetic: Josef Frank, although the planner of several housing estates himself, called this form of architecture ironically *Volkswohnungspalast* (people's housing palace) and suggested a new 'proletarian architecture' instead. Adolf Loos – and other representatives of a more modern architecture – designed functionalist blocks or stepped buildings with large terraces, but were unsuccessful with these.

11

Die Ringstraße des Proletariats, mit dem Reumann-Hof, aus *Die Unzufriedene*, 10. August 1930

Reumann-Hof at Gürtel Street, called "Ring Road of the Proletariate", from *Die Unzufriedene*, August 10, 1930

11

treter einer modernen Architekturrichtung propagierten Zeilenbau und Terrassenhäuser, konnten sich damit aber nicht durchsetzen.

Auffallend ist jedenfalls in den meisten Fällen eine gewisse Monumentalität, die wohl aus der Herkunft vieler Architekten aus der Schule des großen Jahrhundertwendearchitekten Otto Wagner herrührt, der eine betont großstädtische Architektur baute und lehrte. Besonders die großen Anlagen der ›Superblocks‹ – Bauten mit bis zu 1 400 Wohnungen über mehrere gründerzeitliche Blocks hinweg – mit ihrer Aufhebung von traditionellem Straßen- bzw. Hofraum, ihrer Durchdringung städtischer Strukturen und Funktionen stellen sich als dialektische Beziehung zwischen alt und neu, als Neuinterpretation der spätgründerzeitlichen Stadttextur dar.[8] Die Erschließung der Wohnungen erfolgt über einen gestuften Ablauf von öffentlichen über halböffentliche und fast private Räume, im allgemeinen durch Verlegung der Treppenhauseingänge in die Höfe. Diese Höfe sind im Gegensatz zum privaten Gründerzeithaus für jedermann öffentlich zugänglich und bilden bis heute vielerorts eine durchgrünte, vielfältig gestaltete zweite Erschließungsebene für Fußgänger unabhängig vom gründerzeitlichen Blockraster. Die Neuheit der Stadt wurde damit für alle Bewohner alltäglich unmittelbar erlebbar.

Dieses Erschließungssystem geht im wesentlichen auf den Architekten Hubert Gessner zurück, der zuvor bereits wichtige Bauten für die Sozialdemokratische Partei entworfen hatte. Gessner schuf vor allem mit dem Reumann-Hof ein Symbol des neuen Wien; ursprünglich als ›Wiens erster Wolkenkratzer‹ geplant, aus Kostengründen dann auf acht Geschosse reduziert, bildet die um einen repräsentativen Mittelhof konzipierte Anlage das Herzstück einer Bebauung mit rund 2 500 Wohnungen entlang des ehemaligen Linienwalls, der als Gürtelstraße zur ›Ringstraße des Proletariats‹ werden sollte. Andere Gemeindebauten in unmittelbarer Nachbarschaft stammen von den Architekten Heinrich Schmidt und Hermann Aichinger – diese sollten 1927 mit dem riesigen Rabenhof im 3. Bezirk eine der interessantesten Wohnhausanlagen Wiens schaffen –, von Peter Behrens und Josef Frank und ermöglichen auf kleinstem Raum einen Vergleich der architektonischen Vielfalt innerhalb des kommunalen Wohnungsprogramms.

Freilich gab es auch weiterhin Kritik: neben der poli-

Stylistically, most estates are characterized by a certain monumentality, most probably the result of the fact that many of the architects had been students of Otto Wagner, the great turn-of-the-century architect who had built and taught an emphatically metropolitan architecture. Especially the new 'super blocks', complexes with up to 1,400 apartments across several old city blocks that neglected the traditional concept of streets and closed courtyards, pervading urban structures and functions anew, can be read as a dialectical relationship between past and presence and as a new interpretation of the existing urban texture.[8] Apartments are approached in a step-by-step progression from a public via a semi-public into an almost private space, mostly by moving the entrances to the staircases into the courtyards. Contrary to private nineteenth-century buildings, these courtyards are publicly accessible for anybody. In many places they still offer a greened network of paths for pedestrians independent of the grid pattern city blocks. The new aspects of the city became a daily experience for all of its inhabitants.

This system of accessibility was first developed by the architect Hubert Gessner who had already designed important buildings for the Social Democratic Party. Gessner created the Reumann-Hof, a symbol of the New Vienna, which he originally planned as 'Vienna's first skyscraper' but for cost reasons, he had to reduce to eight storeys. Characterized by an imposing central courtyard, this housing estate forms the core of a vast housing area with almost 2,500 apartments along the former *Linienwall* (the outer defence line). Here, Vienna's second ring road, or *Gürtel*, was to become the 'Ringstrasse of the proletariat'. Adjoining council housing estates were designed by the architects Heinrich Schmidt and Hermann Aichinger – who also designed the huge Rabenhof Estate in the third district in 1927, one of the most interesting housing estates in Vienna – and by other architects like Peter Behrens and Josef Frank. These neighbouring projects permit an easy comparison of the architectural variety within the council housing programme.

Critical remarks continued though, with the politically motivated opposition of the conservative Christian Social Party on the one hand and, on the other, criticism by architects mostly of the high building density. In fact,

12

Reumann-Hof, Erdgeschoß- und Regelgeschossgrundriss, 1924

Reumann-Hof, ground floor and typical floor plan, 1924

13

Mittelhof des Reumann-Hofes, Arch. Hubert Gessner, 1924, renoviert 1995

Central courtyard of Reumann-Hof, arch. Hubert Gessner, 1924, renovated 1995

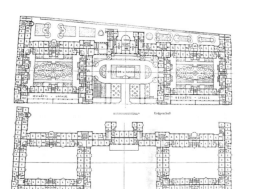

12

13

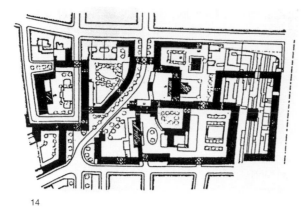

14

15

14

Rabenhof: Differenziert gestaltete Höfe mit Kindergarten, Theater, Waschküchen, Geschäften und Gesundheitseinrichtungen, Arch. Heinrich Schmidt / Hermann Aichinger, 1927

Rabenhof Public Housing Estate: large open courtyards with kindergarten, a theatre, laundries, shops, and health care institutions, arch. Heinrich Schmidt / Hermann Aichinger, 1927

15

Rabenhof, 1927, renoviert 1995

Rabenhof, 1927, renovated 1995

16

Karl Marx-Hof, 1927, Lageplan der 1 km langen Anlage mit den großen Innenhöfen

Karl Marx-Hof, 1927, site plan of the estate extending over a length of 1 km, with its large inner courtyards

17

Karl Marx-Hof, Mittelpartie mit ›Stadttoren‹, 1927, renoviert 1992

Karl Marx-Hof, central arched wing, 1927, renovated 1992

tisch motivierten Gegnerschaft der alten ›Hausherrenpartei‹ der Christlich-Sozialen auch durchaus ernst zu nehmende von Architektenseite, vor allem an der hohen Dichte. Zwar lag diese mit etwa 50 % der Baufläche deutlich unter der Gründerzeit, die bis zu 85 % erreicht hatte, doch reagierte die Stadt – vor allem nach dem internationalen Städtebaukongress 1926 – mit einer weiteren Auflockerung. So sind bei Karl Ehns scheinbar so monumentalem Karl-Marx-Hof, der mit seiner eindrucksvollen Mittelpartie, seinen Fahnenmasten und ›Stadttoren‹ zum Symbol des ›Roten Wien‹ schlechthin wurde,

with 50 % of the building area covered, the density was definitely lower than in the previous period when it had amounted to 85 %. Nevertheless, the City Council reacted with a further reduction of the density, especially after the International Urban Planning Conference in 1926. Even such a monumental building as Karl-Marx-Hof by Karl Ehn, with its impressive central square and its flag posts and 'city gates', covers only 30 % of the total site. This only becomes evident when entering the huge inner courtyards with their playgrounds and communal facilities. In spite of their diverging architectural

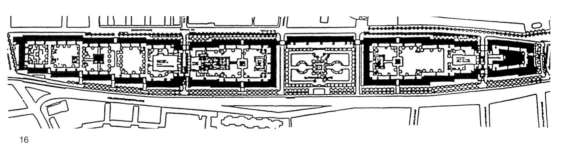

16

17

nur 30 % der Grundfläche bebaut. Dies wird erst deutlich, wenn man die riesigen Innenhöfe mit ihren Spielplätzen und Gemeinschaftseinrichtungen betritt. Ähnlich durchgrünt präsentieren sich trotz ganz unterschiedlicher Architektur der George-Washington-Hof im 10. Bezirk und die Wohnhausanlage Sandleiten – mit 1 600 Wohnungen die größte der 20er Jahre – im 16. Bezirk.

Ergänzend muss auf die Bemühungen der Stadt Wien auf dem Gebiet der Wohnungseinrichtung hingewiesen werden. Ganz im Sinne der vom Austromarxismus so betonten Bildung und Erziehung versuchte die Stadt schon früh, neue, funktionelle Einrichtungsgegenstände zu propagieren. 1922 wurde auf Anregung der Architektin Margarethe Lihotzky, Mitarbeiterin von Adolf Loos, die Warentreuhand gegründet, um den Mietern – in bewusster Analogie zum großbürgerlichen Werkbund – gute, aber erschwingliche Möbel anzubieten. Der gleichen Idee einer ›proletarischen Wohnkultur‹ waren mehrere Großausstellungen der Stadt, zum Beispiel Wien und die Wiener 1927, gewidmet. Schließlich wurde 1929 im eben fertig gestellten Karl-Marx-Hof eine Beratungsstelle für Inneneinrichtung und Wohnungshygiene (BEST) des Österreichischen Verbandes für Wohnungsreform eröffnet, eine Dauerausstellung mit Modelleinrichtungen, die sogar an Abenden und Wochenenden geöffnet war. Direktor wurde Ernst Lichtblau, ein Otto-Wagner-Schüler und selbst Architekt mehrerer Gemeindebauten.

Von der Siedlerbewegung zur Werkbundsiedlung

»Wir wissen, dass ein wesentliches Ziel der modernen Zivilisation sein muss, einem jeden eine würdige Wohnstätte zu bieten. Deshalb wollen wir Einfachheit und Zweckmäßigkeit zu Schönheit vereinigen. Wir wollen dazu beitragen, durch die Wohnung eine gemeinsame Art des Denkens und der gemeinsamen Kultur zu begründen, von der allein eine höhere Entwicklung der gesamten Menschheit möglich ist.«[9] Obwohl die Stadt der Siedlerbewegung nicht unkritisch gegenüberstand – man verwies vor allem auf den Mangel an geeigneten Grundstücken entlang öffentlicher Massenverkehrsmittel – nahm sie in der zweiten Hälfte der 20er Jahre neuerlich die Gartenstadtidee auf. Nach der Kritik des internationalen Städtebaukongresses 1926 an der zu dichten Bebauung der Gemeindebauten wurden einige neuen Anlagen als ›Gartenstädte‹ in Form von Reihenhaussiedlungen und ›villenartige Kolonien‹ errichtet. Der Vorschlag des Architekten Josef Frank, in Wien nach deutschem Vorbild eine Mustersiedlung im Rahmen einer Werkbundausstellung zu bauen, fiel nun auf fruchtbaren Boden. Josef Frank hatte selbst an der Werkbundausstellung in Stuttgart teilgenommen, gehörte zu den Gründungsmitgliedern der CIAM und war – wie Josef Hoffmann – Vizepräsident des 1913 gegründeten Österreichischen Werkbunds. Allerdings war die Wiener Werkbundsiedlung von Anfang an nicht gerade von Erfolg begleitet; aus organisatorischen und finanziellen Gründen musste sie zu-

styles, other estates like George Washington-Hof in the tenth district and Sandleiten in the sixteenth district – with its 1,600 apartments making it the largest housing estate from the 1920s – follow a similar pattern.

In addition, the efforts of the city of Vienna in the field of interior furniture are worth mentioning. Following the general educational efforts of Austro-Marxism, the city tried early to propagate a new and functional furniture type. Based on an initiative by Margarethe Lihotzky who had also collaborated with Adolf Loos, the Warentreuhand company was founded to offer the tenants – in some analogy to the 'bourgeois' Werkbund – good, but reasonably priced furniture. Several exhibitions organized by the city of Vienna, like *Vienna and the Viennese* in 1927, were dedicated to the same idea of 'proletarian housing culture'. Finally, the Austrian Association for Housing Reform opened a Centre for the Interior Design and Housing Hygiene (BEST) in the recently completed Karl-Marx-Hof in 1929. This permanent exhibition with model furniture was even open in the evenings and during weekends. The architect of several council housing estates, Ernst Lichtblau, Otto Wagners' student, became its director.

From Settlers' Movement to Werkbundsettlement

"We know that a vital aim of a modern civilisation should be to provide everybody with a decent apartment. That is why we want to integrate beauty into simplicity and practicality. We want to contribute in establishing through housing, a common art of thinking and culture from which a higher development of mankind will be possible."[9]

Although the city, lacking appropriate building sites along public transport lines, was not uncritical towards the settlers' movement, it again took up the idea of garden cities in the second half of the 1920s. Following discussions about the density of new housing estates during the International Urban Planning Conference in 1926, some new projects were designed as garden cities in the form of terrace houses or 'colonies of villas'. It also accepted Josef Frank's idea to build a model settlement, based on the German example of a Werkbund exhibition. Josef Frank had personally participated in the Stuttgart Werkbund Exhibition; he was a founding member of CIAM and, like Josef Hoffmann, a Vice President of the Austrian Werkbund, which had been established in 1913. Unfortunately, the Vienna Werkbundsiedlung had an unsuccessful start and it had to be deferred from 1930 to 1932 due to organizational and financial reasons. The architects who had worked on the Stuttgart Weissenhof Exhibition in 1927 were not invited, thus excluding the majority of the international avant-garde. The opening of the exhibition also coincided with the world economic crisis and with the foreseeable end of democracy in Austria, and subsequently Red Vienna. The seventy houses were also too expen-

18   19   20

Werkbundsiedlung: Reihen-
häuser von André Lurcat, 1932,
Renovierung 1985 durch Adolf
Krischanitz/Otto Kapfinger

Werkbundsiedlung: Terrace
houses by André Lurcat, 1932,
rehabilitation by Adolf Krischa-
nitz/Otto Kapfinger, 1985

19

Werkbundsiedlung: Doppel-
häuser von Adolf Loos, 1932

Werkbundsiedlung: semi-
attached houses by Adolf Loos,
1932

20

Karl Marx-Hof: Tafel, die an den
Kampf der österreichischen
Arbeiter gegen den Faschismus
im Februar 1934 erinnert

Karl Marx-Hof: plaque com-
memorating the fight of the
workers against the fascists in
February 1934: "Austrian workers – the first to fight fascism
in Europe"

nächst von 1930 auf 1932 verschoben werden; Architekten, die an der Stuttgarter Weissenhof-Siedlung 1927
mitgearbeitet hatten, wurden bewusst nicht eingeladen,
wodurch ein Großteil der internationalen Avantgarde ausgeschlossen war; und schließlich fiel die Eröffnung der
Siedlung mit der Weltwirtschaftskrise und dem schon
absehbaren Ende der Demokratie in Österreich und damit des ›Roten Wien‹ zusammen. Die 70 Häuser waren
schlichtweg zu teuer und konnten nur zum Teil verkauft
werden. Der Rest wird bis heute von der Gemeinde Wien
verwaltet.

Trotzdem ist die Siedlung selbst eindrucksvoll und hät-
te unter anderen wirtschaftlichen und politischen Rahmenbedingungen wahrscheinlich entscheidende Impulse
für eine Weiterentwicklung des sozialen Siedlungsbaus
geliefert. Insbesondere die Häuser von Adolf Loos, der
trotz seiner Kritik am Österreichischen Werkbund (»die
Überflüssigen«) zwei Doppelhäuser errichtete, sind mit
ihrer Übertragung des von ihm erfundenen ›Raumplans‹
auf kleinste Grundrisse beeindruckend; ähnliches gilt für
Gerrit Rietvelds gestaffelte Geschoße, Anton Brenners
Prototyp einer Teppichbebauung und Hugo Härings
›Schlafwagentyp‹. Andere Architekten – vor allem Josef
Hoffmann, Clemens Holzmeister, Anton Plischke und
Margarethe Lihotzky – entwickelten den Reihenhausty-
pus der älteren Wiener Arbeitersiedlungen weiter, während Josef Frank und Richard Neutra schlicht Villen bauten, die im krassen Gegensatz zur Forderung nach billigen Kleinhäusern standen.

Faschismus und Zweiter Weltkrieg

Nach der Ausschaltung des Parlaments und dem Verbot
sämtlicher Parteien außer der christlich-sozialen Vaterlän-
dischen Front kam es im Februar 1934 zum Bürgerkrieg
zwischen dem Sozialdemokratischen Schutzbund und
der christlich-sozialen Heimwehr mit der – nicht nur sym-
bolträchtigen – Beschießung zahlreicher Gemeindebauten durch das Bundesheer. Am Karl-Marx-Hof, der er-
heblich beschädigt wurde, erinnert heute eine Gedenk-
tafel an den Kampf der österreichischen Arbeiter gegen
den Faschismus. Der austrofaschistische ›Ständestaat‹
orientierte sich ausdrücklich an Mussolinis Italien. Der
Wiener Gemeinderat und Landtag wurden aufgelöst, im
Mai 1934 verlor Wien außerdem seinen Status als eige-

sive and could only be partially sold. The remaining
units are managed by the city of Vienna until today.

Nevertheless, the housing itself is impressive and under better political and economic conditions would
have provided an impulse for the further development
of social housing. Adolf Loos, who in spite of his critical
view of the Austrian Werkbund ("the superfluous") designed two semi-attached houses, astounded by transferring his *Raumplan* (a methodology of three-dimen-
sional planning) to the smallest floor plans. Other interesting contributions included Gerrit Rietveld's terraced
buildings, Anton Brenner's prototype of a high-density
low-rise development and Hugo Häring's 'sleeping-car'
floor-plan. Other architects – among them Josef Hoffmann, Clemens Holzmeister, Anton Plischke and Margarethe Lihotzky – developed prototypes of terrace
houses similar to the old Vienna workers' settlements,
while Josef Frank and Richard Neutra designed villas
which differed strongly with the aim of promoting affordable mass housing.

Fascism and World War II

After the closing of the parliament and the banning of
all political parties, with the exception of the Christian-
Social Vaterländische Front (the conservative party), a
civil war between the Social Democratic *Schutzbund*
and the Christian Social *Heimwehr* followed in February
1934. This, not just symbolically, led to severe damages
in the council housing estates by the *Bundesheer* (Austrian army). Today a memorial tablet on Karl-Marx-Hof,
which was badly damaged too, reminds of the fight of
the Austrian workers against fascism. The totalitarian
Ständestaat followed Mussolini's Italy as a model. The
Vienna City Council was dissolved, and Vienna lost its
status as a province and became a city directly governed by the state in May 1934. Free elections did not
take place until 1945.

The defeat of Red Vienna also meant the end of its
social housing policies – although the economic situation had already negatively influenced the housing development since 1929. If 29.1% of the total municipal
expenditure was still flowing into housing during
1925–29, it was only 18.1% during 1930–34.[10] In addition, the state had drastically reduced the tax payments

nes Bundesland und wurde ›Bundesunmittelbare Stadt‹.
Freie Wahlen fanden bis 1945 nicht mehr statt.

Das gewaltsame Ende des ›Roten Wien‹ bedeutete
auch das endgültige Aus für seine soziale Wohnungspolitik – wenngleich die wirtschaftliche Situation die Neubau-
leistungen seit 1929 bereits negativ beeinflusst hatte.
Flossen 1925 bis 1929 29,1 % aller kommunalen Ausga-
ben in den Wohnbau, so waren es 1930 bis 1934 nur
noch 18,1 %.[10] Der Bund hatte außerdem aus politischen
Gründen die Steuerzahlungen an das Land Wien dras-
tisch reduziert. Nach 1934 wurden nur wenige Wohnungsbauten errichtet, darunter einige landwirtschaftli-
che ›Nebenerwerbssiedlungen‹ für Arbeitslose sowie ›Fa-
milienasyle‹ für die wachsende Zahl Obdachloser, später
folgten einige Siedlungsanlagen durch das NS-Regime.
Der Zweite Weltkrieg endete mit der Zerstörung von
87 000 Wohnungen, rund 20 % des Bestandes – mehr,
als das ›Rote Wien‹ gebaut hatte.

Sozialer Wohnungsbau nach 1945

Die durch Kriegsschäden, Hungersnot und Teilung in vier
Sektoren schwer getroffene Stadt legte noch im Jahr
1945 in einer Enquete für den Wiederaufbau die wichtigsten kommunalpolitischen Ziele fest, darunter eine Auflockerung des dicht bebauten Stadtgebietes, eine Verdich-
tung der Randgebiete durch Gartensiedlungen und die
Durchführung von Architekturwettbewerben. Der
»Mensch (sollte) in Zukunft im Mittelpunkt aller Überle-
gungen und Planungen stehen (...) und nicht das Ge-
schäft oder der Profit des Einzelnen«.[11] Der Wohnungsfehlbestand wurde mit 117 000 Wohneinheiten beziffert.

Bereits 1947 erfolgte der Spatenstich für eine große
kommunale Siedlungsanlage am südlichen Stadtrand,
die nach dem schwedischen Ministerpräsident Per Albin
Hansson benannt wurde, der durch die ›Schwedenhilfe‹
den Bau ermöglicht hatte. Die Architekten unter der Lei-
tung Franz Schusters planten die mehr als 1 000 Wohnungen sowie Kindergarten, Schule und Volkshaus in
klar strukturierten Reihenhaus- und Zeilenbauten. Andere Großwohnungsanlagen wie Siemensstraße und
Hugo-Breitner-Hof folgten, die durchschnittliche jährli-
che Bauleistung im sozialen Wohnungsbau stieg auf etwa 5 000 Einheiten. Dazu kam 1950 noch ein ›Schnell-
bauprogramm‹ mit sogenannten Duplexwohnungen –
Kleinwohnungen, die für eine spätere Zusammenle-
gung gedacht waren. Trotz dieses offensichtlichen Billig-
wohnbaus wurden alle neuen Wohnungsanlagen weiterhin mit großzügigen Wohnfolgeeinrichtungen wie Schulen, Kindergärten, Gesundheits- und Freizeiteinrichtungen sowie Geschäften ausgestattet. Auf Badeanlagen
konnte man nun verzichten, da praktisch alle neuen
Wohnungen mit eigenen Badezimmern versehen wurden, in zunehmendem Maße auch mit Zentralheizungen.
Im Jahr 1954 fand die Grundsteinlegung für die
100 000. ›Gemeindewohnung‹ statt. Bis zum Jahr 1958
war der Wiederaufbau Wiens im wesentlichen abge-
schlossen und der quantitative Wohnungsfehlbestand
beseitigt, während die Bevölkerungszahl auf Grund der

21

to the city of Vienna for political reasons. After 1934,
only little housing was built, along with some agricultur-
al settlements for the unemployed and 'family shelters'
for the growing number of homeless, later followed by a
few National Socialist housing estates. World War II
ended with the demolition of 87,000 apartments, about
20 % of the building stock – more than was ever built by
Red Vienna.

Public Housing after 1945

In 1945, Vienna, heavily hit by war, destruction and
famine as well as having been separated into four sec-
tors, organized a conference on the reconstruction of
the city to define the general political objectives. These
included a reduction of the density in inner city areas
while increasing that of suburban areas with garden
cities, and the setting up of architectural competitions.
The "human being (should), in future, stand in the centre of all considerations and plans ... and not the income or profit of the individual".[11] The housing shortage
amounted to some 117,000 units.

In 1947 the foundation stone was already laid for a
large council housing estate at the southern periphery.
It was named after the Swedish Prime Minister, Per
Albin Hansson, who had made it possible through a
Swedish help programme. The architects under the direction of Franz Schuster, planned 1,000 clearly struc-
tured terrace houses and apartments, a kindergarten, a
school, and a multi-purpose communal building. Other
large housing estates, such as Siemensstrasse and
Hugo-Breitner-Hof, followed, the average annual building capacity in social housing increasing to nearly
5,000. In 1950, in addition, a special building programme was introduced offering so-called duplex
apartments – small-sized dwellings, which were meant
for a subsequent merging. In spite of this obviously
cheap housing programme, all new estates were
equipped with generous communal facilities – schools,
kindergartens, health and leisure facilities and shops.
Communal baths were no longer built as all new apartments were equipped with their own bathrooms, increasingly also with central heating. In 1954 the corner
stone for the 100,000th council flat was laid. Until 1958
the reconstruction of Vienna was essentially completed

21
Zerbombte Gemeindebauten,
1945

Bombed public housing,
1945

geopolitischen Randlage Wiens am Eisernen Vorhang kontinuierlich abnahm. Entsprechend gering war allerdings auch die wirtschaftliche Dynamik der Stadt.

Die architektonische Qualität der meisten Nachkriegsbauten konnte zunächst kaum an jene der Zwischenkriegszeit anschließen. Mit finanziellen Nöten allein lässt sich dies nicht erklären, da ja auch das ›Rote Wien‹ der 20er Jahre nicht ›reich‹ war (allerdings auf Grund einer wesentlich radikaleren Steuergesetzgebung über mehr direkte Einnahmen für den Wohnungsbau verfügte). Eher dürfte dafür die internationale Isolierung der Stadt, ihr Ausschluss vom sich vereinenden Westeuropa während des Kalten Krieges, vor allem aber der intellektuelle Aderlass durch Austrofaschismus und Nationalsozialismus verantwortlich sein. Tatsächlich hatte ein beträchtlicher Teil der innovativen Architektenschaft Österreich 1934 bzw. 1938 verlassen (müssen). So wurde etwa Josef Frank zum Pionier des neuen schwedischen Möbeldesigns, während Margarethe Lihotzky – nach Tätigkeiten in Mexiko und der Türkei und Inhaftierung durch das NS-Regime – an der Planung neuer Städte im Osten der Sowjetunion arbeitete.

Ziel der Stadt Wien war es nun, durch verstärkten Wohnungsneubau die Qualität des Wohnungsbestandes deutlich zu heben. Zwar fanden die vorgesehenen Flächensanierungen mit dem Abbruch mangelhafter Gründerzeitquartiere nur in wenigen Einzelfällen statt, doch startete mit der Eröffnung des ersten Montagebauwerks 1961 der Bau großer neuer Siedlungen am nördlichen und südlichen Stadtrand. Vor allem die Großfeldsiedlung mit rund 5 300 Wohnungen wurde zum Synonym der Fertigteilbauweise nach dem französischen Camus-System. Trotz weiter Grünanlagen und einer kompletten Infrastruktur wurden diese Wohnungen zum Zielpunkt vielfältiger Fachkritik vor allem an der Monotonie der Architektur – die »Diktatur des Krans« erzwang in der ersten Phase eine starre Zeilenbauweise – und an der ungenügenden öffentlichen Verkehrserschließung. Der Bau einer U-Bahn-Verlängerung in die Großfeldsiedlung findet erst jetzt statt.

Die Wohnungen selbst waren allerdings groß und gut ausgestattet, was wesentlich auch die Akzeptanz durch die Bewohner selbst erklärt. Tatsächlich war und ist die Mobilitätsrate in diesen Siedlungen nicht höher als im Wiener Durchschnitt – und das heißt sehr gering! –, und

and the most urgent housing shortage was eliminated, while the number of inhabitants continued to decrease due to the geopolitical situation of Vienna close to the Iron Curtain. Not surprisingly, the economic dynamics of the city slowed too.

The architectural quality of most post-war estates could hardly equal that of the 1920s. This cannot be explained by financial problems alone, as 'Red Vienna' had not been particularly wealthy either (although due to radical tax legislation it disposed of more direct revenues for housing). The international isolation of the city rather, had to do with its exclusion from an increasingly united Western Europe during the Cold War and, most importantly, the loss of most of its intellectual elite during the Austro-Fascist and National Socialist period. A substantial part of the innovative architects had left Austria – or were forced to leave – in 1934 and in 1938. Josef Frank, for example, became a pioneer of new Swedish furniture design, while Margarethe Lihotzky – after working in Mexico and Turkey and being imprisoned by the Nazi regime – was engaged in the planning of new cities in the east of the Soviet Union.

The main objective of the city of Vienna was to improve the quality of its housing stock by intensive new construction. Although the announced demolition of vast densely developed areas with low housing quality did not take place, construction of large new housing areas at the northern and southern peripheries started with the opening of the first assembly plant in 1961. The Grossfeldsiedlung, with about 5,300 apartments, mainly became a synonym of panel-housing construction based on the French Camus system. In spite of the vast green areas and a generous infrastructure these estates became the object of critique, which mostly concentrated on the monotony of the architecture. During the first phase of assembly the "dictatorship of the cranes" allowed only identical parallel blocks. Another problem was the inadequate public transport; the construction of an extended underground line to Grossfeldsiedlung is only taking place now.

Apartments, on the other hand, were large and well furnished, which explains their favourable reception by the occupants. In fact, the turnover rate from occupant to occupants in these estates has not been higher than

22

Wohnhausanlage Alt-Erlaa, Arch. Harry Glück, 1973

Alt Erlaa Housing Estate, arch. Harry Glück, 1973

23

Höfe in Plattenbauten, Wohnhausanlage Rennbahnweg, 1973

Courtyards in prefabricated concrete panel housing, Rennbahnweg Estate, 1973

22   23

24

25

die Fertigteilsiedlungen wurden auch nie zu ›Slums‹ oder ›Ghettos‹, wie vielfach prognostiziert. Versuche einer sinnvollen Nachverdichtung scheiterten im übrigen primär am Widerstand der Bewohner. Spätere Fertigteilsiedlungen versuchten an die Tradition des Höfebaus der Zwischenkriegszeit anzuknüpfen. Alle Wohnungen wurden nun an das Fernheizsystem der Stadt angeschlossen, verfügten über Balkone oder Terrassen, zum Teil auch über flexible Wohnungsgrundrisse. Zu den bemerkenswertesten Fertigteilbauten gehören die Planungen des Architekten Harry Glück, vor allem die außergewöhnlichen Bauten in Alt Erlaa durch die gemeindeeigene Gesiba. Mit mehr als 3 000 Wohneinheiten, Schule, Kindergarten, Ärztezentrum, Sport- und Freizeiteinrichtungen (darunter Saunas und Dachschwimmbäder), Einkaufszentrum und eigener U-Bahn-Station stellt die Siedlung eine eigene Kleinstadt und ein markantes städtebauliches Zeichen Wiens dar. Heute bildet sie einen Teil der großen Entwicklungsachse im Süden Wiens.

Vor allem aber waren die Mieten nach wie vor sehr niedrig. Unbestritten ist daher auch der Beitrag der industriellen Wohnungsproduktion der 60er und 70er Jahre zur Verbesserung der Wohnungsqualität insgesamt. Das enorme Bauvolumen von mehr als 10 000 Sozialwohnungen pro Jahr entlastete das dicht bevölkerte innerstädtische Gebiet und schuf damit die Voraussetzungen für das große Stadterneuerungsprogramm der folgenden Jahrzehnte.

Die sanfte Stadterneuerung

Wiens gründerzeitliches Erbe ist einzigartig. Dies gilt nicht nur für die städtebauliche Leistung der Ringstraße und für den architektonischen Aufbruch der Sezession – beide Wahrzeichen der Stadt und Trumpf im Städtetourismus. Ebenso prägend für Wiens Selbstverständnis sind jene dicht bebauten Stadtteile beiderseits des Gürtels – Wiens zweiter Ringstraße –, in denen heute rund eine Million Menschen leben. Bezogen auf den Wohnungsbestand mit etwa 30 % aller Wohnungen aus der Zeit vor dem Ersten Weltkrieg ist Wien »älteste Hauptstadt Europas«. Die Bedeutung dieser Stadtteile liegt in ihrer urbanen Vielfalt, ihrer (noch) vorhandenen Nutzungsmischung und Flexibilität, nicht zuletzt in ihrer Aufnahmefähigkeit für neue Nutzungen, für neue Lebens- und Haushaltsformen und für Zuwande-

the Vienna average – and that means extremely low! Prefabricated housing estates never became slums or ghettos, as has often been predicted. Later attempts to increase their density were opposed by the residents. The housing estates of the second phase attempted to continue where pre-war architecture with interior courtyards had left off. All apartments were now connected to the district heating system, had balconies or terraces and partially flexible floor plans. Some of the most remarkable prefabricated housing estates were designed by Harry Glück. His Alt Erlaa housing area, built and managed by the city-owned GESIBA, comprises of more than 3,000 apartments, a school, a kindergarten, a medical centre, sports and leisure facilities (including a sauna and rooftop swimming pools), a shopping centre and its own underground station. It represents an urban landmark and is today a part of the urban development axis in the south of Vienna.

Rents were still very low. The input of the industrialized housing production in the 1960s and the 1970s for an improvement of the quality of apartments in Vienna in general is undisputed. The enormous volume of construction of more than 10,000 public apartments per annum relieved the housing situation in the densely populated inner city and created the pre-conditions for the vast urban renewal programme of the next decades.

The 'Soft Urban Renewal'

The heritage of Vienna's late nineteenth-century period is unique; the city planning of the Ringstrasse period and the artistic revolution of the Secession have shaped Vienna, and are now a strong tourist asset. Equally important for Vienna are the densely developed districts on both sides of the Gürtel, its second ring road with roughly one million inhabitants. With its building substance of nearly 30% of all of its apartments built before World War I, Vienna may be called Europe's oldest capital city. The importance of these inner-city districts lies in their urban variety, their still-existing mixture of functions and their flexibility, as well as their capacity to absorb new uses, new lifestyles and immigrants. At the same time these areas have to

24

Sanfte Stadterneuerung: geförderte Sanierung privater Mietshäuser

Soft urban renewal: subsidized rehabilitation of private rental housing

25

Saniertes Mietshaus mit Einbau von Badezimmern, Zentralheizung und verbesserter Wärmedämmung

Rehabilitated private rental building with installation of bathrooms, central heating and improved thermal insulation

rer. Zugleich müssen diese Viertel verbessert werden – vor allem hinsichtlich ihrer Wohnungs- und Freiraumqualität.

Seit 1974 werden zur Koordinierung und Stimulierung von Sanierungsprogrammen im vorwiegend privaten Mietwohnungsbestand eigene ›Gebietsbetreuungen‹ – von der Stadt beauftragte Architekten oder Bauträger – vor Ort eingesetzt. Derzeit sind 14 Gebietsbetreuungen in den erneuerungsdringlichsten Gebieten Wiens tätig, im Sinne der offiziellen ›sanften‹, sozial- und bewohnerorientierten Stadterneuerung allerdings ohne eigene wirtschaftliche Tätigkeit – ein bewusster Unterschied zu Sanierungsbeauftragten in vielen anderen europäischen Großstädten.

Zehn Jahre später startete Wien das vermutlich weltweit größte Wohnhaussanierungsprogramm mit bisher mehr als 170 000 sanierten Wohnungen – durchschnittlich 10 000 pro Jahr. Im Einvernehmen mit den Mietern wird die Wohnungsqualität angehoben – Einbau von WC´s und Badezimmern, Anschluss an Zentral- oder Fernheizung, Verbesserung der Wärmedämmung, Einbau von Aufzügen usw. –, ohne die ursprünglichen, oft sozial schwachen Bewohner zu verdrängen. Grundlage dieser sanften Stadterneuerung ist ein außerordentlich großzügiges Fördersystem mit einem Budget von etwa 218 Millionen Euro jährlich, das durch staatliche Steuerleistungen aufgebracht wird. Neben privaten Miethäusern werden im Rahmen dieses Programms auch die sozialen Wohnbauten der Zwischenkriegszeit und in zunehmendem Maße auch Nachkriegsanlagen durchgreifend saniert und modernisiert. Insbesondere sollen diese Bauten durch Dachgeschossausbauten und Wohnungszusammenlegungen auch größere Wohnungen für junge Familien bieten. Zu den bemerkenswertesten Stadterneuerungsprojekten gehört die durchgreifende Sanierung und Modernisierung von Wohnbauten des ›Roten Wien‹, darunter stadtbildprägender Bauten wie dem Karl-Marx-Hof, Rabenhof, George-Washington-Hof oder Sandleiten. Die außergewöhnliche Architektur dieser Sozialwohnungsbauten erstrahlt damit in neuem Licht.

Wohnungsbau der 70er und 80er Jahre

Auch während der 70er und 80er Jahre wurden im Rahmen des sozialen Wohnungsbaus in Wien einige bemerkenswerte Anlagen errichtet. Zwei davon liegen in unmittelbarer Nachbarschaft zueinander auf den sogenannten Tamarisken-Gründen. Während Viktor Hufnagl, der schon früher die Wohnhausanlage Gerasdorferstraße errichtet hatte, zwei Hauszeilen durch eine überdachte innenliegende Straße verband und damit einen ganzjährig nutzbaren halböffentlichen Bereich schuf, plante Wiens ehemaliger Stadtplaner Roland Rainer eine verdichtete Flachbausiedlung mit kleinen Eigengärten als kommunale Mietwohnungen. Radikaler präsentiert sich eine Wohnhausanlage von Raimund Abraham, Carl Pruscha und anderen im Süden Wiens; die introvertiert und äußerlich abweisend wirkende Architektur der Traviata-Siedlung verstellt freilich den Blick auf raffinierte Wohnungsgrundrisse und intime private Freiflächen.

be improved – especially as concerns the quality of the apartments and surrounding open spaces.

Gebietsbetreuungen (area renewal offices) run by architects or housing developers commissioned by the city have been installed since 1974 to coordinate and to promote rehabilitation programmes, predominantly in the privately-owned rental market. Working along the principles of 'soft', i. e. social- and resident-oriented urban renewal strategy, fourteen area renewal offices are currently active in districts in need of renewal. These offices have a neutral position between all the parties involved, and they are not allowed to carry out their own private-planning business in that area – a significant difference to rehabilitation administrators in other European cities.

Ten years later Vienna started what has probably become the world's largest housing rehabilitation programme. It has now reached a level of more than 170,000 refurbished apartments, an average of 10,000 per year. The quality of apartments is improved with the approval of the tenants with the installation of WC's and bathrooms, a connection to the central or district heating systems, improvement of thermal insulation, installation of lifts, etc. – without displacing the mostly low-income tenants. Urban renewal is based on a remarkable subsidy system with an annual budget of approximately 218 million euro derived from national tax revenues. Most of these are apportioned towards the renewal of old private rental buildings, but within this programme housing estates from the 1920s – and increasingly from the 1950s to 1970s – are completely renovated and modernised. The alteration of attic apartments and the merging of others, offers larger housing for young families. The overall rehabilitation and modernisation of Red Vienna housing estates, including such significant buildings as Karl-Marx-Hof, Rabenhof, George-Washington-Hof or Sandleiten, have helped to preserve their extraordinary architecture for the future.

Social Housing in the 1970s and the 1980s

During the 1970s and the '80s some outstanding estates were built in Vienna within the framework of social housing. Two of them are situated next to each other at Tamariskengasse. Viktor Hufnagl – who had already built a subsidized housing estate in Gerasdorferstrasse – connected two low blocks of apartments by a covered inner street hereby creating a semi-public space utilizable throughout the year. Vienna's former City Planner, Roland Rainer, planned a compact council housing estate with small private gardens. Another housing area in the south of Vienna, designed by Raimund Abraham, Carl Pruscha and others, appears somewhat more radical, but the introverted and externally somewhat repelling design of the Traviata Estate, hides refined apartments with intimate open spaces.

Wienerberg with nearly 2,500 apartments is one of the most successful urban expansion areas. The two-

26

27

28

29

Zu den gelungensten Stadterweiterungsgebieten gehört die Wohnbebauung Wienerberg am südlichen Stadtrand mit rund 2 500 Wohnungen. Innovativ war hier der
zweistufige Planungsprozess; auf Basis des in der ersten
Wettbewerbsstufe ermittelten Masterplans erfolgten Aus-
lobungen für kleinere Baulose, die an verschiedene Bauträger und Architekten vergeben wurden. Außerdem wurden sowohl kommunale und gemeinnützige Mietwohnungen als auch Eigentumswohnungen angeboten. Dadurch
konnten soziale Durchmischung und urbane Vielfalt erzielt
werden – ein Verfahren, das mittlerweile zum Standard bei
großen Planungen gehört. Architektonisch fallen vor allem
die Stadtvillen von Gustav Peichl auf.

Charakteristisch für den politischen Aufbruch der 70er
und 80er Jahre sind schließlich die Partizipationsprojekte
im sozialen Wohnungsbau. Hier gibt es eine beeindru-
ckende Vielfalt von Mitbestimmungsbauten im Rahmen
des geförderten Wohnungsbaus – vom Wohnen mit Kindern von Ottokar Uhl, der auch mehrere andere Mitbe-
stimmungsprojekte realisierte, über das Sanierungspro-
jekt des Wohnhofs Ottakring bis zu sozial orientierten
Gruppenprojekten wie BROT. Solche Projekte gibt es natürlich auch anderswo – in Wien allerdings fanden und finden sie im Rahmen des sozialen Wohnungsbaus statt.

stage planning process was innovative in and of itself;
on the basis of the master plan resulting from the first
stage of the competition, a second competition was
announced for smaller building lots, which were then
sold to various housing developers and architects. In
addition, council and non-profit apartment housing, including condominiums, were offered side by side to
achieve a better social blend and urban variety, which
has become a standard procedure for the planning of
larger residential areas. Architecturally, Gustav Peichl's
low-rise blocks are especially attractive.

Various projects focussing on the participatory planning of social housing were characteristic for Austria's
political awakening in the 1970s and '80s. This impressive variety of residents' participation in the planning
of subsidized housing is apparent from 'Living with
Children' by Ottokar Uhl – who also realised other participation projects – to the 'Wohnhof Ottakring' rehabilitation project, and to those of socially-orientated group
projects like 'BROT'. Such projects also exist elsewhere, of course, but in Vienna they find their place
within the larger framework of social housing.

25

Innovative Architektur heute

Der Fall des nur 60 km von Wien entfernten Eisernen Vorhangs führte zur Zuwanderung von mehr als 100 000 Menschen und stellte die Stadt damit auch wohnungspolitisch vor neue Herausforderungen. Zunächst musste der geförderte Wohnungsbau Mitte der 90er Jahre auf 10 000 Einheiten pro Jahr beinahe verdoppelt werden. Eine Schlüsselrolle kam dabei dem Grundankauf durch den von der Stadt gegründeten Wiener Bodenbereitstellungs- und Stadterneuerungsfonds (WBSF) zu. Heute ist eine gewisse Marktsättigung eingetreten, die es erlaubt, Qualitätskriterien stärkere Beachtung zu schenken. Zudem soll etwa die Hälfte der geförderten Wohnungen – immer noch rund 6 000 bis 7 000 Einheiten jährlich – im innerstädtischen Gebiet errichtet werden. Dort sind zwar die Grundkosten höher, doch kann die vorhandene Infrastruktur genutzt werden. Außerdem soll dadurch die soziale Durchmischung in den Gründerzeitvierteln gefördert werden.

Größere Neubauprojekte werden in der Regel über ›Bauträgerwettbewerbe‹ abgewickelt. Diese fußen auf freiem Wettbewerb der Wohnungswirtschaft um Förderungen innerhalb des Systems des sozialen Wohnungsbaus. Das Verfahren unterscheidet sich von herkömmlichen städtebaulichen Wettbewerben und Architekturwettbewerben insofern, als die Projektwerber die Bauträger selbst sind und neben den planerisch-architektonischen auch die ökonomischen und ökologischen Qualitäten eines Projekts gleichwertig beurteilt werden. Ziel der Wettbewerbe ist die Reduktion der Herstellungskosten im Geschosswohnungsbau bei gleichzeitiger Anhebung der planerischen und umwelttechnischen Qualitäten. Für die Ausschreibung werden daher neben den geforderten Planunterlagen auch eine Reihe von Kennzahlen und Kriterien für die Bereiche Planungsqualität, Ökonomie und Ökologie entwickelt, an Hand derer die eingereichten Projekte von einer Fachjury beurteilt werden. Diese Jury ist aus Architekten, Vertretern der Wohnungswirtschaft und des Landes Wien sowie Fachleuten aus den Bereichen Ökologie, Ökonomie und Wohnungsrecht zusammengesetzt. Damit konnte in den letzten Jahren eine deutliche Qualitätssteigerung erreicht werden; dies gilt für intelligente Grundrisslösungen und Gemeinschaftseinrichtungen ebenso wie für ›angstfreie‹ Frei- und Erschließungsflächen und für ökologische Innovationen. Beispielsweise erreichen seit 1996 alle geförderten Neubauprojekte Niedrigenergiestandard (max. 50 kwh/qm/Jahr). Gleichzeitig konnten durch den verstärkten Wettbewerb die Baukosten um durchschnittlich 20 % auf ca. 1 100 Euro (1 000 US $)/qm gesenkt werden.

Erheblichen Anteil an einer qualitativen Weiterentwicklung des Wiener Wohnungsbaus haben Experimentalbauten, oft in Form sogenannter Themensiedlungen mit seitens der Stadt vorgegebenen Schwerpunkten. Beispielsweise wurden bei der Thermensiedlung Oberlaa erstmals rund 750 Wohnungen mit Abwasser aus benachbarten Heißwasserquellen beheizt, gleichzeitig wurden ein Brauchwassersystem und ein Regenwassersammler zur Bewässerung der Grünanlagen errichtet. Die autofreie Mustersiedlung der Architekten Schindler, Szedenik,

Innovative Architecture Today

The fall of the Iron Curtain, only 60 kilometres from Vienna, led to the immigration of more than 100,000 people and set up new challenges for the city, including the sudden increase in the demand for housing. The city doubled its new housing construction to 10,000 units per year in the middle of the 1990s. A key role was given to the Vienna Land Procurement and Urban Renewal Fund (WBSF), which was established to purchase the required land. At present the market has reached an equilibrium, which allows one to pay more careful attention to the question of quality. At present, at least half of the subsidized apartments – 6,000 to 7,000 units per year – are to be built in inner-city areas. While land costs are higher there, the infrastructure already exists and a better demographic and social blend can be achieved in the late nineteenth-century housing districts.

Larger new housing projects are normally carried out in the form of *Bauträgerwettbewerbe* (housing developers' competitions). These are based on open competitions for developers for social housing subsidies. The procedure differs from architectural competitions, as the project applicants are themselves the housing developers and, in addition to the architectural quality, economic and ecological merits of the projects are equally judged by means of a complex score system. Competitions aim at the reduction of construction costs in multi-storey housing as well as the simultaneous improvement of the planning, environmental and technical qualities. The jury consists of architects, representatives of the private construction sector, the city of Vienna, as well as of specialists in the fields of ecology, economy and housing law. A significant increase in quality was achieved in recent years leading to innovative apartment designs and communal facilities, as well as better-planned open spaces and communication areas, and ecological innovations. All subsidized new housing projects since 1996, for example, have achieved low energy consumption levels (max. 50 kWh/m²/year). At the same time construction costs could be reduced by an average of 20 % through intensified competition. They are now 1,100 euro/m² (1,000 US dollars).

Experimental building – often in the form of 'theme-oriented' estates with the subjects pre-determined by the city – has a major share in the development of the quality of Vienna public housing. Nearly 750 apartments in the Thermensiedlung Oberlaa, for example, are heated with sewage water from the neighbouring hot springs. Grey water systems as well as rainwater collectors for the watering of the lawns were installed. The Autofreie Mustersiedlung (car-free model estate) by architects Schindler, Szedenik, Lautner and Scheifinger, the largest of its kind in Europe, transferred the means normally needed for the construction of carparks into an impressive infrastructure including greened roofgardens, parking lots for bicycles, internet-cafe, meeting rooms, etc. A comprehensive ecological concept

Lautner und Scheifinger – Europas größtes autofreies Wohnprojekt – lenkte die üblichen Gelder für den Garagenbau in eine bemerkenswerte Infrastruktur um: begrünte Dachgärten, Fahrradwerkstätte, Internet-Café, Veranstaltungsräume etc. Gleichzeitig wurde ein umfangreiches ökologisches Konzept realisiert: Niedrigenergiestandard, Solarenergienutzung, Photovoltaik-Tankstelle für Elektroautos, Abwärmerückgewinnung aus Abwasser, Grauwasserrecycling mit Einspeisung in ein Brauchwassersystem, wohnungsweise Warm- und Kaltwasserzähler mit elektronischer Fernablesung, qualitätvolle Grünflächengestaltung mit Feuchtbiotop und intensiver Begrünung, Verwendung von Recyclingmaterialien für die Außenraumgestaltung. Ebenfalls enthalten sind Sonderwohnformen – Tagesmütterzentrale, Altenwohnungen –, das Angebot unterschiedlicher Wohnungsausstattungen, Bewohnermitbestimmung und Car-Sharing.

In der Frauen-Werk-Stadt planten ausschließlich Architektinnen einen eigenen Stadtteil einschließlich Infrastruktur, wobei vor allem familienfreundliche Grundrisse – Sichtverbindung zum Spielplatz usw. – im Vordergrund standen. Architektonisch bemerkenswert ist der Kindergarten von Elsa Prochatzka.

Das bisher radikalste Experiment im Rahmen des geförderten Wohnungsbaus stellt die sogenannte Sargfabrik (Architektur: Baukünstlerkollektiv 2, 1992–1994) im dicht bebauten 14. Bezirk dar. Das von einer Initiativgruppe geplante Projekt organisiert das Wohnen auf dem ehemaligen Betriebsgelände in Form von vielfältig variablen ›Wohnboxen‹ und bietet ein umfangreiches gemeinschaftliches Freizeitangebot – einschließlich Restaurant, Sauna, Veranstaltungsräumen und Kindergarten, die sich auch als Angebot an den Stadtteil verstehen. Der mit dem Adolf-Loos-Preis ausgezeichneten ersten Anlage folgte mittlerweile eine zweite Sargfabrik im benachbarten Baublock, deren Architektur nicht minder ungewöhnlich ist. Auf Grund des großen Interesses plant der Verein bereits eine dritte Wohnanlage.

Eine andere bemerkenswerte Intervention im gründerzeitlichen Rastergebiet stellt der Wohnungsbau der Architekten Dieter Henke und Marta Schreieck in der Frauenfelderstraße 14 im 17. Bezirk dar. Verschiebbare Fenster und Fassadenelemente vor den Geschosswohnungen, Maisonetten und Dachgeschosswohnungen verändern das Bild des Hauses im Tagesablauf.

Mehrere Projekte beschäftigen sich mit der Integration von Migranten in die österreichische Gesellschaft – so etwa das Projekt Interkulturelles Wohnen der Architekten Kurt Heidecker und Herbert Neuhauser mit seinen Gemeinschaftseinrichtungen, das zum Vorbild mehrerer ähnlicher Wohnungsbauten wurde. Schließlich spielt das Thema ›Wohnen und Arbeiten‹ eine zunehmend wichtige Rolle in der Städtebaudiskussion. Einen wichtigen Beitrag hierzu leistet das vor Fertigstellung stehende Projekt Compact-City (Architektur: BUS / Spinadel / Blazica / Lalics) mit 59 Wohneinheiten von 36 bis 105 qm, 22 Büros, 20 Werkstätten sowie Ateliers, Geschäften und Lagerräumen – ein vielfältiger Nutzungsmix am Stadtrand soll damit ebenso ermöglicht werden wie Wohnen und Arbeiten im gleichen Gebäude.

was realized. This included low energy-consumption levels, the use of solar energy, a loading station for electrical cars, heat recovery from waste water, a grey water system, hot and cold water metres with electronic measuring in every apartment, green areas with humid biotopes with intensive planting and the use of recycled materials for the design of open areas. There are also specialised forms of housing that include a children's day-care centre, apartments for senior residents, the offer of differently equipped apartments, participation of residents in the day-to-day management, and car-sharing.

In the *Frauen-Werk-Stadt* a whole housing area including the infrastructure was exclusively planned by female architects, which aimed at family-friendly layouts as well as a direct view from the kitchens to the playground, etc. Especially noteworthy is the kindergarten designed by Elsa Prochatzka.

So far the most radical experiment within the framework of subsidized housing is the so-called Sargfabrik (the site of a former coffin factory) designed by Baukünstlerkollektiv 2 (1992–94) in the densely developed fourteenth district. This project was planned by a residents' group; it organizes day-to-day living by providing strongly variable 'housing boxes' and offers a wide choice of communal leisure facilities, including a restaurant, a sauna, meeting rooms and a kindergarten, all of which can also be used by other residents in the neighbourhood. Imitating this housing estate, which won the Adolf Loos Award, a second adjoining Sargfabrik presents unusual architecture as well. Based on the massive public interest the non-profit association is now planning a third housing estate.

Other remarkable incursions into the grid-pattern nineteenth-century urban fabric include a housing estate by architects Dieter Henke and Marta Schreieck in the Frauenfelderstrasse in the seventeenth district. Sliding windows as well as facade elements with Venetian blinds in front of the various apartments change the appearance of the building during the course of the day.

Several new projects aim at integrating immigrants into the Austrian society, among them *Interkulturelles Wohnen* (architects Kurt Heidecker and Herbert Neuhauser) with its communal facilities, which became a model for similar estates elsewhere. Last but not least, the topic of 'living and working under one roof' takes on an important role in discussions about the future of urban development. 'Compact City' (by BUS / Spinadel / Blazica / Lalics), which is in the process of completion with its 59 apartments from 36 to 105 m², 22 offices, 20 workshops, studios, office premises, and storage rooms, will offer an assortment of functions at the fringes of the city.

These projects are to be seen as experiments that can help to introduce new standards into social housing over a longer period of time. The city also carries out a continuous research and evaluation programme. Spreading the acquired knowledge among national and international experts should also help to promote Vienna as a centre for new urban technologies.

30

31

32

30/31

Donau-City: Wohnblock am Ufer, Arch. Elke Meissl / Roman Delugan, 1995

Donau City: apartments facing the river, arch. Elke Meissl / Roman Delugan, 1995

32

Überdachung der Donauufer-autobahn und Baubeginn der Donau-City, 1994 und 1996

Covering of motorway along the Danube and start of Donau City construction, 1994

Diese Projekte verstehen sich bewusst als Experimente, sollen aber wie andere Experimentalbauten (zum Beispiel Selbstbauprojekte, Holzbausiedlungen) mittelfristig zur Durchsetzung neuer Standards im sozialen Wohnungsbau führen. Die Stadt Wien lässt daher auch jeweils Evaluierungsstudien durchführen und sorgt für die Verbreitung der gewonnenen Erkenntnisse in der Fachöffentlichkeit. Gleichzeitig hofft man, das dadurch gewonnene Know-how auch international zu vermarkten und Wien zu einem Zentrum neuer Stadttechnologien zu machen.

Wien an die Donau

Die große Regulierung des 19. Jahrhunderts hatte bewirkt, dass Wien nun nicht mehr an der Donau, sondern allenfalls am Donaukanal, einem Nebenarm, lag. Die großen Bezirke Floridsdorf und Donaustadt waren dadurch vom Zentrum Wiens weitgehend abgeschnitten. Mit dem Plan einer Weltausstellung gemeinsam mit der Stadt Budapest im Jahr 1995 – aber noch vor dem Fall des Eisernen Vorhangs konzipiert – ergab sich erstmals eine realistische Chance, diese Trennung zu überwinden. Zwar kam die EXPO auf Grund einer negativ verlaufenen Volksabstimmung in Wien nicht zustande, doch hatte die Stadt auf dem dafür vorgesehenen Areal am linken Donauufer in unmittelbarer Nähe zur UNO-City bereits umfangreiche Vorarbeiten geleistet. Eine bestehende Mülldeponie war beseitigt worden; vor allem aber hatte man beschlossen, die Donauufer-Autobahn auf einer Länge von rund einem Kilometer zu überplatten und das dahinterliegende Bauland direkt an das Naherholungsgebiet der Neuen Donau anzubinden. Gleichzeitig erfolgte die Fertigstellung der U-Bahnlinie 1 mit einer Fahrzeit von sieben Minuten bis in das Stadtzentrum. Die ›Platte‹ war damit zum attraktivsten Bauland Wiens geworden.

Der aus einem Architekturwettbewerb hervorgegangene Masterplan von Adolf Krischanitz und Heinz Neumann zeichnet sich durch ein raffiniertes Erschließungssystem auf mehreren Ebenen, die Beibehaltung großer unversiegelter Bodenflächen und ein strenges Blockrastersystem aus. Ziel war der Bau einer Donau-City mit multifunktionaler Nutzung zur Entlastung der Wiener Innenstadt. Neben den Bürobauten – darunter ein elliptisches Hochhaus von Wilhelm Holzbauer und die noch nicht realisierten Doppel-

New Housing at the Danube

As a consequence of the nineteenth-century regulation of the Danube, Vienna actually was not situated near it anymore but rather at the Donaukanal, a smaller branch of the river. The large districts of Floridsdorf and Donaustadt were separated from the inner city. The World Exhibition project together with Budapest – planned before the fall of the Iron Curtain – provided a conceivable chance to overcome this separation. Although the EXPO had to be cancelled after a negative referendum in Vienna the city had already started working on the left Danube embankment close to the existing UN offices. A waste area had been removed, and the decision had been taken to bridge the expressway along the Danube at a length of one kilometre to create new building sites connected to the embankments. The completion of the U1 underground line reduced the travelling time to the city centre to seven minutes, while the *Platte* (covering) above the expressway became one of Vienna's most attractive building sites.

The masterplan developed for this area by Adolf Krischanitz and Heinz Neumann is characterized by a complex multi-level communication system, and by strict grid-pattern blocks; but large areas are preserved as open spaces with much greenery. The new 'Donau City' came as a relief to the old city due to its additional office space, for example that in the elliptical tower by Wilhelm Holzbauer and in the planned twin-towers by Peichl / Isozaki. The area also includes research institutes, a school designed by Hans Hollein, a church by Heinz Tesar, kindergartens, shops, and 2,000 apartments. These are integrated into the grid-pattern plan, which unfortunately deprives many apartments a direct view of the river. It would seem that at the crossroads of Vienna's most significant urban axis and the Danube, a self-confident urban gesture was given absolute priority.

There are also some outstanding buildings by Elke Meissl / Roman Delugan: the tower facing Donaupark, which has some subsidized and some privately-financed owner-occupied apartments; and the 'beam', a long block parallel to the river with all apartments oriented towards the embankments as well as the city, the glazed corridors being situated at the back. The transparent building, seemingly floating on its pillars, forms a stun-

türme von Peichl/Isozaki –, Forschungseinrichtungen, einer Schule von Hans Hollein, der Kirche von Heinz Tesar, Kindergärten und Geschäften sollten auch rund 2 000 Wohnungen errichtet werden. Diese fügen sich in den dichten Blockraster des Masterplans, der leider vielen Wohnungen den attraktiven Blick auf den Fluss verwehrt – an der Schnittstelle der wichtigsten städtebaulichen Achse Wiens mit der Donau hatte eine bewusst großstädtische Geste offenbar Priorität.

Bemerkenswert sind vor allem die Wohnungsbauten der Architekten Elke Meissl/Roman Delugan: einerseits der Wohntower direkt am Donaupark mit teilweise geförderten, teilweise frei finanzierten Eigentumswohnungen; andererseits der ›Balken‹ parallel zum Fluss, dessen geförderte Mietwohnungen alle zum Wasser und damit zur Stadt hin orientiert sind. An der Rückseite liegen die verglasten Laubengänge. Insbesondere am Abend wird das transparente, auf Pfeilern ›schwebende‹ Gebäude zum optischen Mittelpunkt der neuen Donaufront.

Im unmittelbaren Anschluss an die Donau-City befinden sich zwei weitere, im Rahmen des sozialen Wohnungsbaus errichtete Neubauprojekte: Der Wohnpark Alte Donau – unter anderem mit einem markanten Hochhaus von Coop Himmelb(l)au – und der Wohnpark Neue Donau. Auf diesen wird im zweiten Teil des Buches eingegangen.

Sozialwohnungen im Hochhaus?

Bis Ende der 80er Jahre waren in Wien nur wenige Hochhäuser, zumal als Wohngebäude, errichtet worden; außerdem verstanden sich diese eher als hohe Gebäude im Sinne der Wiener Bauordnung – das heißt, Gebäude mit einer Höhe von mehr als 26 Metern – denn als ›echte‹ Hochhäuser. Mit den Bauten in der Donau-City und an der Alten Donau kam der Durchbruch. Wohnen im Hochhaus wurde plötzlich begehrt, und die Stadt Wien legte im Hochhauskonzept 1994 Rahmenbedingungen hinsichtlich Infrastruktur, Verkehrserschließung und Stadtbildverträglichkeit fest, die das Hochhaus auch für geförderte Miet- und Eigentumswohnungen öffneten. Binnen weniger Jahre folgten Planungen für Wohnhochhäuser an mehreren markanten Punkten Wiens. Neben den Bauten am Donauufer zählt dazu der Wienerberg an der südlichen Stadteinfahrt. Hier errichtete Emiliano Fuksas den stadtbildprägenden Twin-Tower, nach Gustav Peichls Millennium-Tower das zweithöchste Bürohaus Wiens. Wohnungsbauten unter anderem von Coop Himmelb(l)au und Meissl/Delugan sind derzeit im Bau.

Auch die Endstationen der neuen Ost-West-Verbindung der U-Bahnlinie 3 werden von dichter Bebauung und Wohnhochhäusern markiert – im Westen (Ottakring) das Schwesternwohnheim von Manfred Nehrer und Reinhard Medek mit Harry Seidler als Designkonsulent, im Osten (Simmering) ein Hochhaus von Dieter Blaich und Kaj Delugan. Das Simmeringer Hochhaus mit 120 geförderten Mietwohnungen besticht durch seine Eleganz. Flächige, über die Baukante vorgezogene Fassaden definieren

ning landmark on the new river front, especially in the evenings.

Next to Donau City there are two other social housing projects: Alte Donau Housing Estate with, among others, a tower by Coop Himmelb(l)au, and Neue Donau Housing Estate. The latter is described in detail later in this publication.

Social Housing in Tower Blocks?

Until the end of the 1980s only a few tower blocks had been built in Vienna for housing purposes; and most of them were high-rise buildings in terms of the Vienna Building Order, i.e. any structure higher than twenty-six metres, as opposed to 'real' skyscrapers. A breakthrough was achieved with Donau City and Alte Donau housing estates. Living in a high-rise building suddenly became popular. The city adopted its own 'tower concept' in 1994, setting down the conditions concerning the infrastructure, accessibility by public transport, and compatibility with the general character of the city. Social rental housing and subsidized condominiums in tower blocks became a reality. Within a short period, plans for high-rise housing projects at several noteworthy points were developed. This included the Wienerberg at Vienna's southern entrance, with the dominating Twin Towers by Emiliano Fuksas (Vienna's second highest office building after Gustav Peichl's Millennium Tower). The high-rise housing by Coop Himmelb(l)au, Elke Meissl/ Roman Delugan and others is still under construction.

Two tower housing estates feature at the ends of the new U3 underground line: at its western terminus (Ottakring) is a nurses' home by Manfred Nehrer and Reinhard Medek on which Harry Seidler worked as a design consultant. At its eastern terminus (Simmering), is a tower block by Dieter Blaich/Kaj Delugan, which is an elegant structure containing some 120 rental apartments. Its projecting facades aim at redefining the space at this heterogeneous, in terms of urban planning, multi-functional traffic junction; at the same time the modest scale of the adjoining older public housing estates is taken into consideration. Communal facilities include a children's playroom on the fifth floor.

die Sichtbeziehungen und ordnen den Raum an diesem städtebaulich heterogenen, von vielfältigen Funktionen überlagerten Verkehrsknotenpunkt. Vor allem überzeugt auch der Anschluss an die älteren Gemeindebauten der Umgebung, deren bescheidener Maßstab respektiert wird. Zu den Gemeinschaftseinrichtungen zählt ein großer Kinderspielraum im fünften Obergeschoss.

33

Wohnhochhaus für Kranken-
schwestern in Ottakring, Arch.
Manfred Nehrer / Reinhard
Medek, Designkonsulent:
Harry Seidler, 1995

High rise nurses' home at
Ottakring, arch. Manfred
Nehrer / Reinhard Medek,
design consultant: Harry
Seidler, 1995

34

Schwesternhochhaus
Ottakring: Regelgeschoss

Ottakring nurses' home: typical
floor plan

35

Wohnhochhaus Simmering,
Arch. Dieter Blaich / Kaj
Delugan, 2001

High rise housing estate
at Simmering, arch. Dieter
Blaich / Kaj Delugan, 2001

33

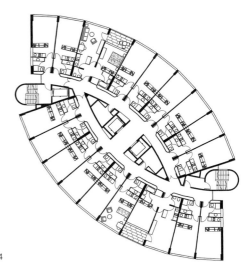

34

35

Wohnen im Industriebau

›Brownfield Development‹ spielt angesichts schrumpfender Grundstücksreserven und hoher Erschließungskosten am Stadtrand auch in Wien eine immer wichtigere Rolle. Eine besondere Bedeutung kommt dabei der Nutzung denkmalgeschützter Industriebauten aus dem 19. Jahrhundert zu. Mit der 2001 eröffneten Gasometer-City kann Wien auf diesem Gebiet ein weltweit wohl einzigartiges Wohnungsprojekt vorweisen.

Die vier im Osten Wiens liegenden Gasometer, 1899 als Teil des größten Gaswerks auf dem europäischen Kontinent errichtet, standen seit der Umstellung der Wiener Gasversorgung auf Erdgas im Jahr 1986 leer. Nach umfangreichen Untersuchungen entschloss sich die Stadt, die vier wuchtigen Bauwerke – enorme Ziegelkonstruktionen, die die eigentlichen eisernen Behälter verdeckten – zu einem neuen multifunktionalen Stadtteil umzubauen. Diese Gasometer-City, durch die U-Bahnlinie 3 vom Stadtzentrum aus in wenigen Minuten erreichbar, sollte zudem zum Kern einer völligen Neugestaltung des großen Gewerbegebietes werden.

Der Gestaltung liegt die Konzeption zugrunde, den genius loci dieses Industriedenkmals zu wahren, das Innere der Gasbehälter daher nicht zu verbauen, sondern Baukörper zu implantieren, die in ihrer visuellen Leichtigkeit und der Durchdringung des Innenraumes mit Tageslicht eine Synergie zwischen der schweren Bausubstanz des alten Behälters und den neuen Baustrukturen erzeugen. Daher wurde auf eine leichte Bauweise abgezielt, die im Kontrast zum imposanten historischen Bauwerk steht. So bildet im Bauteil von Jean Nouvel ein schweres Stahlbetongerüst den Sockel für die in Stahlbau konstruierten leichteren Obergeschosse. Die Umsetzung wurde drei Bauträgern – zwei davon gemeinnützig – und vier mittels Wettbewerb ermittelten Architekten übertragen. Insgesamt wurden 602, zum Großteil im Rahmen des sozialen Wohnungsbaus geförderte Wohnungen mit 71 400 qm Nutzfläche errichtet; dazu kommen 250 Wohneinheiten des integrierten Studentenheims. Weitere 47 100 qm Nutzfläche dienen der kommerziellen Nutzung: Einkaufsmall mit 70 Geschäften, Büros und Landesarchiv mit Lesesaal. Insgesamt 811 Fahrzeuge finden in der hauseigenen Tiefgarage Platz, weitere 1 200 in den Parkdecks der G-Town, außerdem beherbergt die City eine der größten Veranstaltungshallen der Stadt mit bis zu 4 000 Sitzplätzen sowie einen Kindergarten und ist über eine Fußgängerbrücke mit einem großen Kinocenter des Architekten Rüdiger Lainer verbunden. Grundsätzlich beginnt die Wohnnutzung erst 25 Meter über dem Straßenniveau.

Turm A wurde von Jean Nouvel geplant. 18 Wohntürme mit 14 Hauptgeschossen umgeben kreisförmig den Innenraum, getrennt durch Lufträume, die direkten seitlichen Lichteinfall und allen Wohnungen auch den Ausblick ins Freie ermöglichen. Coop Himmelb(l)au setzten in Turm B einen geschlossenen ringförmigen Baukörper, der jedoch durch einen 18-geschossigen Anbau ergänzt wird. Dieser ›Rucksack‹ wird auch zum eigentlichen Wahrzeichen des gesamten Komplexes, da er als einziges Bauelement die äußeren Umrisse radikal durchbricht. Unter-

Housing in Former Industrial Buildings

Brownfield development has played an important role in recent years due to the limit of land resources and the high costs for infrastructure in peripheral areas. A new use for protected industrial monuments from the nineteenth century has to be found as well. Vienna is certain to present one of the world's most spectacular conversion projects at 'Gasometer City', opened in 2001.

Four huge gas tanks – erected in 1899 as part of continental Europe's biggest gasworks – had been unused since 1986 when the gas system switched to natural gas. After several feasibility studies the city decided to convert the powerful buildings into a multifunctional district. They were enormous brick constructions, which had hidden the iron gas containers. Gasometer City, connected to the city centre by the underground line 3 in just a few minutes, should become a nucleus for a complete redevelopment of this former industrial area.

The general design intends to preserve the genius loci of this industrial monument, which involved not breaking up the interior space but rather adding in new building elements and bringing in natural light. This led to a fragile new structure contrasting strongly with the imposing historical brick walls. One of the architects, Jean Nouvel, used a heavy concrete base to carry the upper-storey steel construction. Four architects and three developers, two of them non-profit associations, were commissioned by the city after the competition. The buildings include 602 apartments with 71,400 m² of useable floor-space, most of them subsidized within the social housing programme, as well as 250 units in a students' hostel. A further 47,100 m² are used for commercial purposes: a shopping mall with seventy shops, offices, and the Provincial Archives with a study room. The underground carpark offers parking for 811 vehicles, 1,200 additional ones can park on special parking decks. The 'city' also includes one of Vienna's largest event halls with up to 4,000 seats, and a kindergarten. A bridge connects the mall to a cinema complex designed by architect Rüdiger Lainer. The housing in all the towers begins twenty-five metres above street level.

Tower A was designed by Jean Nouvel. Eighteen tower-like structures with fourteen floors each encircle the interior space and are separated by air sections providing direct lighting from all the sides, simultaneously offering outside views from all the apartments. Coop Himmelb(l)au at Tower B implanted a closed circular building with an interior courtyard. An eighteen-storey block was added later. This 'backpack' has become a significant sign for the whole development as it is the only outside part contrasting with the existing architecture. The event hall is situated under the mall. It is totally separated from the rest of the building in order to avoid noise problems. The floors above the mall contain the studios for the students. Tower C by Manfred Wehdorn has a similar structure with a greened courtyard above the mall, whereas Wilhelm Holzbauer in Tower D designed a central building with three star-like

halb der Mall befindet sich, von den darüber liegenden Teilen konstruktiv völlig getrennt, die Veranstaltungshalle, oberhalb der Mall das Studentenheim. Während Turm C von Architekt Manfred Wehdorn ebenfalls eine ringförmige Bebauung mit Innenhof über der Mall-Ebene aufweist, setzte Wilhelm Holzbauer in Turm D auf einen zentralen Baukern mit drei sternförmig anschließenden Trakten. Dadurch entstehen drei zu den freigelegten Außenmauern des Industriedenkmals orientierte Höfe.

Der Erfolg des Projekts widerspricht den anfänglichen Skeptikern: Innerhalb kurzer Zeit wurden praktisch alle Wohnungen und Geschäftslokale in diesem in jeder Hinsicht ungewöhnlichen Wohnbau vermietet bzw. verkauft – zu Preisen, die denen des übrigen geförderten Wohnungsbaus in Wien entsprechen. Zugleich wurde auf eindrucksvolle Weise dokumentiert, dass zwischen sozialem Wohnungsbau und engagierter Planung durch internationale ›Stars‹ der Architektenszene kein Widerspruch bestehen muss. Waren es bei den Gasometern Jean Nouvel und Coop Himmelb(l)au und bei anderen bereits realisierten Bauten etwa Herzog & de Meuron, Boris Podrecca, Gustav Peichl oder Otto Steidle, so befinden sich Projekte von Zaha Hadid (Überbauung der alten Stadtbahnbögen am Donaukanal) oder Norman Foster (Masterplan für das multifunktionale Projekt Euro-Gate mit geplanten Wohnnutzflächen von 135 000 qm) in der Vorbereitungsphase.

wings, thus creating three smaller courtyards, which open towards the outer walls of the monument.

Despite some initial scepticism the project proved a great success. Within a short time all apartments and business premises were sold or let, at prices comparable to other subsidized housing projects. Gasometer City also proved that social housing does not necessarily conflict with ambitious planning by international 'star' architects. While Jean Nouvel and Coop Himmelb(l)au were involved in the Gasometer project, just like Herzog & de Meuron, Boris Podrecca, Gustav Peichl, or Otto Steidle were in other completed Vienna housing estates, it is Zaha Hadid's new project – a proposal to bridge the old arches of a former railway line – or Norman Foster's masterplan for the multi-purpose Euro Gate project with several thousand apartments, that are in the process of being developed right now.

36 / 37

II Wohnpark Neue Donau:
Planung und Entwurfsentwicklung

Planning and Designing the
Neue Donau Housing Estate

Wohnpark Neue Donau

Der Wohnpark Neue Donau verfügt über eine der attraktivsten Lagen Wiens im Stadtteil Kaisermühlen, einem Stück Schwemmland zwischen der Seenlandschaft der Alten Donau – Ergebnis der großen Donauregulierung des 19. Jahrhunderts – und der Neuen Donau, dem als Entlastungsgerinne für den Donaustrom konzipierten Hochwasserschutz, der mittlerweile zum beliebtesten Naherholungsgebiet Wiens wurde. Beiderseits der Neuen Donau verlaufen auf einer Länge von 20 km weiträumige Grünflächen und Badestrände.

Die Lage ist zugleich sehr zentral: Mit der über die Reichsbrücke geführten U-Bahnlinie 1 ist das historische Zentrum Wiens in nur sieben Minuten erreichbar. Zudem liegen UNO-City, das Konferenzzentrum Austria Center und zahlreiche Infrastruktureinrichtungen in unmittelbarer Nähe. Allerdings existierte dieses Baugrundstück bis vor wenigen Jahren gar nicht; es entstand erst als Folgeprojekt der missglückten EXPO-Planung 1995 und als Teil der Wiener Stadtentwicklungsstrategie, Wien endlich »an die Donau« zu bringen. Wie in der nördlich angrenzenden Donau-City und dem bereits bestehenden begrünten Lärmschutztunnel Kaisermühlen sollte die achtspurige Donauufer-Autobahn auch südlich der Reichsbrücke auf einer Länge von weiteren 500 Metern überplattet werden. Dadurch rückten auch bestehende Sozialwohnungsbauten wie der Marshall-Hof aus den 50er Jahren mit seinen drei markanten Hochhäusern und der 1928 errichtete Goethe-Hof näher an die Donau.

Eine Nutzungsstudie der zuständigen Stadtplanungsabteilung sah für das neu gewonnene Bauland rund 850 Wohnungen, 6 000 qm Büros, eine Mehrzweckhalle, einen Kindergarten, 8 000 qm Verkaufsfläche und eine Garage mit 1 500 Stellplätzen vor, auf einem benachbarten Grundstück außerdem eine Volks- und Mittelschule. Zugleich wurde im Auftrag der Stadt eine Bebauungsstudie erstellt. Diese sah eine blockartige Struktur mit mehreren großen Innenhöfen vor; die meisten Wohnungen hätten dadurch keinen Sichtkontakt zur Donau und damit zur Stadt gehabt, und die dahinterliegenden Wohnungen des Marshall-Hofs hätten diesen verloren. Entsprechend groß war trotz unleugbarer Vorteile des Projektes – direkter Zugang zum Wasser und Lärmreduzierung durch die Autobahnüberplattung sowie zusätzliche Infrastruktur – der Widerstand des Bezirks.

Neue Donau Housing Estate

Neue Donau Housing Estate is situated in one of Vienna's most attractive areas at Kaisermühlen, a piece of alluvial land between the lakes of Alte Donau – resulting from the nineteenth-century regulation of the Danube – and Neue Donau ('New Danube') which is, in fact, an overflow area for the river to cope with sudden floods and has become one of the city's most popular recreation areas. Both banks of the Neue Donau are accompanied by lush green parks and beaches 20 kilometres long.

At the same time it is situated very centrally, the historic city centre is reached within only seven minutes on the U1 underground line, which crosses the river via the Reichsbrücke. Nearby are the UN offices of Vienna International Centre, Austria Centre with several conference halls and shopping facilities. A few years ago this building plot did not exist at all. It arose from an unsuccessful World Exhibition joint venture together with Budapest in 1995, which had to be cancelled after a referendum, and forms a part of Vienna's efforts to integrate the river more closely into the urban fabric. Similar to the Donau City area farther up north and to the already existent noise-reducing Kaisermühlen Tunnel, the eight-lane expressway along the Danube was to be bridged over at a length of another 500 metres. This gave the existing social-housing areas of Marshall-Hof, from the 1950s, and Goethe-Hof, from the 1920s, a direct access to the embankments.

A study commissioned by the City Planning Department suggested about 850 apartments, 6,000 m² of office space, a multi-purpose hall, a kindergarten, 8,000 m² of retail space, and a carpark for 1,500 cars to be built at this site, as well as a primary school and a grammar school on a neighbouring plot. This was followed by a first design concept with several large blocks around interior courtyards. Most of the new apartments as well as the existing ones would have been deprived of a view of the Danube. This explains the strong opposition of the district to this project in spite of the advantages, like a direct access to the embankments, for example, or the noise reduction and improved infrastructure.

Harry Seidler, at the beginning of 1993, commissioned with the design by the Councillor for Planning,

38

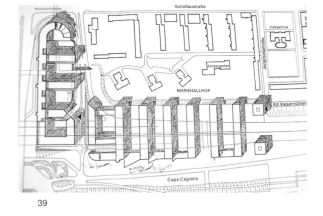

39

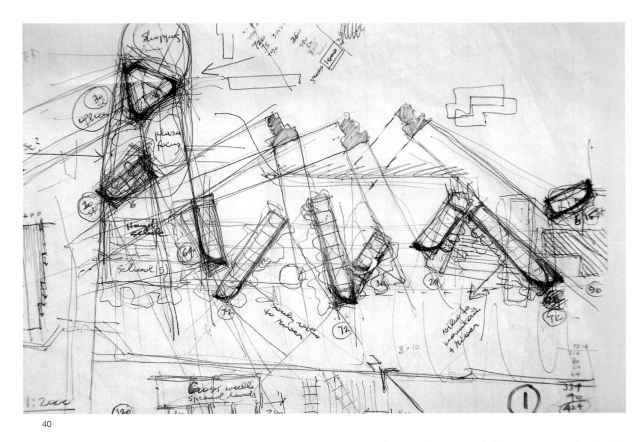

40

Harry Seidlers erste Skizze mit
Orientierung aller Wohnungen
zum Fluß, 1993

Harry Seidler's first sketch of
the angled placing of blocks
so as to give every apartment
a view of the water, 1993

Harry Seidler, Anfang 1993 vom damaligen Planungsstadtrat Hannes Swoboda mit einem Entwurf beauftragt, veränderte dieses Bebauungskonzept radikal. Durch die Schrägstellung der Baublöcke erhielten praktisch alle Wohnungon direkten Blick auf die Donau, die Innenstadt und den Wienerwald; außerdem ergaben sich für die Dewohner der 15-geschossigen Bauten des Marshall-Hofs Blickkorridore zum Fluss. Nicht zuletzt wurde durch die Verschwenkung der Hauszeilen eine Gewichtsverteilung auf eine größere Anzahl von Trägern über der Autobahn erreicht. Dadurch konnten anstelle von sechs nunmehr bis zu neun Geschosse errichtet werden. In diesen Bauten befinden sich 533 Wohnungen.

Zur Anlage des Wohnparks Neue Donau gehören außerdem großzügige Gemeinschaftseinrichtungen und ein Kindergarten mit direktem Zugang zur Donaupromenade. Zwei weitere von Harry Seidler geplante Bauwerke setzen klare städtebauliche Akzente. Direkt am Brückenkopf der Reichsbrücke befindet sich das Cineplex-Kinound Entertainmentcenter mit rund 3 000 Sitzplätzen in 14 Sälen sowie zahlreichen Gastronomieeinrichtungen. Dieses schirmt die Wohngebäude auch gegen den Lärm der Wagramer Straße ab und hat direkten Zugang zur Station Donauinsel der U-Bahnlinie 1. Dahinter entstand in einer zweiten Bauphase ein 100 Meter hohes Wohnhochhaus; in Wiens wichtigster städtebaulicher Achse Stephansdom – Prater Straße – Reichsbrücke – Wagramer Straße situiert, wird der Turm zum unverwechselbaren Wahrzeichen des neuen Stadtteils.

Bemerkenswert ist auch die Qualität der Außenanlagen. Die gesamte Anlage ist verkehrsfrei, die Erschließung erfolgt über die hauseigene dreigeschossige Tiefgarage, die an die überdachte Autobahn anschließt und mit dieser eine durchgehende Ebene schafft. Da Seidler das parkar

Hannes Swoboda, changed this concept radically. He did this by placing the housing blocks diagonally across the expressway. All apartments now had a direct view of the river, of the city and of the Vienna Woods. The new design also guaranteed a view from the fifteen-storey-high towers of Marshall-Hof. Last but not least, the diagonal placement of the blocks distributed their load to a larger number of beams, allowing a construction of up to nine, instead of only six floors. These housing blocks contain 533 apartments.

Neue Donau Housing Estate is supplemented by generous communal facilities and a kindergarten facing the Danube embankments. Two other buildings designed by Harry Seidler also set clear urban accents. Situated next to the road leading to Reichsbrücke, the Cineplex cinema and entertainment centre – with 3,000 seats in fourteen halls and with various restaurants – acts as a noise barrier against the traffic on Wagramer Strasse. It has direct access to the U1 underground station, Donauinsel. Next to it, a one-hundred-metre residential tower creates a focal point in Vienna's most significant urban axis, which leads from St Stephen's Cathedral via Praterstrasse and Reichsbrücke, to the districts north of the Danube.

The quality of the open spaces is remarkable. The whole area is free of all car traffic. The three-storey underground carpark creates an even level with the covered expressway. Harry Seidler designed the whole area as a vast park leading down to the Danube thus providing river views from practically every point. Public, semi-public and private open spaces are clearly separated by white walls one metre high, without hindering the view. This results in a great diversity of spaces that recalls Mediterranean settlements; the

tig gestaltete Gelände zur Donau hin leicht abfallend gestaltete, ergeben sich von jedem Standpunkt aus Sichtbeziehungen zur Flusslandschaft. Öffentliche, halböffentliche und private Freibereiche werden durch ein Meter hohe weiße Mauern klar definiert, ohne Sichtbarrieren zu bilden. Die daraus entstehenden vielfältigen Raumsituationen mögen an mediterrane Siedlungsformen erinnern; zugleich nehmen sie die Kurvenformen der Balkone, Dachterrassen und Lifttürme auf. Landschaftsarchitektur und Bepflanzung zielen auf Transparenz, ohne die notwendige Privatheit der Wohnungen und Eigengärten zu beeinträchtigen. Als Wiener Kontaktarchitekten fungierten für den niedrigeren Bauteil die Architekten Manfred Nehrer und Reinhard Medek, beim Kinocenter Marco Ostertag, beim Hochhaus Moser Architekten.

Seidlers Bebauungsvorschlag wurde nach einem Bürgerbeteiligungsverfahren schließlich auch vom Bezirk und den Mietern der angrenzenden Wohnungsanlagen akzeptiert und bildete die Grundlage für die die Widmungs- und Bebauungsplanung durch die Magistratsabteilung 21 C der Wiener Stadtplanung. Diese Widmung wird – im Gegensatz zur Praxis etwa in Amerika und Australien – durch den Gemeinderat beschlossen und ist damit für alle Beteiligten verbindlich. Im übrigen war auch die gesamte Planung mit Experten der Stadt, hier besonders der MA 19, der Architekturabteilung des Magistrats, abzustimmen. Die Realisierung des Wohnparks Neue Donau erfolgte durch die ARWAG, eine zum überwiegendenTeil im Eigentum der Stadt und der Bank Austria stehende Gesellschaft, die später eine Arbeitsgemeinschaft mit zwei weiteren Bauträgern, der BAI und SEG, die zu je 30 % beteiligt waren, einging. Für das Kinocenter übernahm die ARWAG die Baubetreuung, das Hochhaus wurde zur Gänze durch die ARWAG errichtet. Durch diese Bauträgerkooperation wurde auch eine Mischung von geförderten Mietwohnungen sowie geförderten und frei finanzierten Eigentumswohnungen erzielt – im Sinne einer sozialen Durchmischung eine gängige Vorgangsweise im Wiener sozialen Wohnungsbau.

walls also echo the curved forms of the balconies, terraces and elevator towers. Urban landscaping aims at transparency, but also guarantees the privacy of the apartments and of the gardens. Harry Seidler's Vienna contact architects were Manfred Nehrer and Reinhard Medek for the lower buildings, Marco Ostertag for the cinema, and Moser Architects for the tower.

41

Platzierung der Wohnblöcke auf bzw. neben der Überplattung

Housing blocks placed partly on and off the bridging expressway structure

42

Überplattung der Autobahn mit anschließender dreigeschossiger Garage mit 1100 Stellplätzen

Lower expressway plan with adjacent 1,100 spaces carpark in 3-storey structure

43

Plan und Schnitt eines typischen Häuserblocks auf der Überplattung und der Garage

Plan and cross section with typical housing block on expressway bridging and carpark

44

Vergleich der Lastenverteilung auf die Träger der Überplattung bei orthogonaler bzw. diagonaler Anordnung der Baublocks

Diagram showing the structural advantage of diagonal placing of housing blocks by distributing loads over a larger number of beams

45

Das Modell des Wohnparks Neue Donau, das Harry Seidler im April 1993 der Stadt Wien präsentierte

Model of the Neue Donau Housing Estate, presented to the City of Vienna by Harry Seidler, April 1993

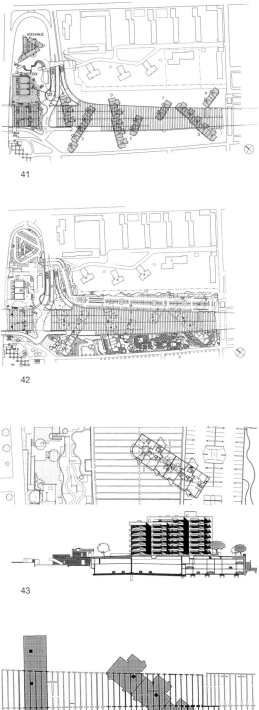

41

42

43

45

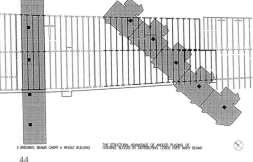

44

Die Wohnungen

Abgesehen vom etwas später errichteten Hochhaus befinden sich die Wohnungen in sieben Wohnblocks unterschiedlicher Länge, die Seidler schräg zur darunter laufenden Autobahn anordnete. Dadurch konnten nicht nur die Sichtkorridore für die dahinter liegenden Wohnbauten gesichert werden, sondern es ergab sich auch eine wesentlich ökonomischere Bauweise, da sich die Lasten nunmehr auf eine größere Zahl von Trägern – je nach Gebäudestellung bis zu 20 Trägern anstelle von fünf bei orthogonaler Anordnung – verteilen; angesichts einer Spannweite von bis zu 27 Metern über der achtspurigen Autobahn eine große Erleichterung, die das Aufsetzen zusätzlicher Geschosse gestattete.

Die Baublocks sind als Drei- oder Vierspänner um je zwei bis fünf Treppenhäuser konzipiert. Alle Treppenhäuser verfügen über verglaste Liftschächte und direkte Belichtung durch Lichtkuppeln. Die Wohnungsgrößen entsprechen den Vorgaben der Wohnbauabteilung der Stadt Wien von 54 qm, 75 qm und 90 qm, bei den Dachterrassenwohnungen bis zu 130 qm. Der häufigste Wohnungstyp ist die 75 qm große Drei-Zimmer-Wohnung, die zweiseitig orientiert und damit querbelüftet ist. Die Küche ist zum großen Wohnraum hin offen; davor liegt ein Balkon, dessen Kurvenform nicht nur das prägnante äußere Erscheinungsbild prägt, sondern überdies das Aufstellen eines Esstisches oder mehrerer Liegestühle erlaubt – übrigens ausnahmslos mit direktem Donaublick. Die gepunktete Brüstungsverglasung verhindert Einblicke, gewährt trotzdem maximale Transparenz und verhindert die im sozialen Wohnungsbau so beliebten individuellen Balkonverkleidungen. Tatsächlich sind die eleganten Fassaden vor allem diesen skulpturalen Balkongruppen zu verdanken – ein Element, das Seidler wiederholt bei seinen Wohnungsbauten angewendet hat, so etwa bei den Horizon Apartment Towers in Sydney. Die Wohnungen im Erdgeschoss verfügen über kleine Privatgärten als geschützte Pufferzonen zum öffentlichen Grünraum.

Die schmalen Fensterbänder vor den Kinder- und Schlafzimmern an den Gebäuderückseiten evozieren Anklänge an die klassische Moderne; sie sind an jeweils einer Seite weiter herabgezogen, um auch Kleinkindern einen ungehinderten Blick ins Freie zu bieten.

Durch die Staffelung der bis zu neungeschossigen Baublocks ergibt sich eine Abfolge von großzügigen, zur Donau orientierten Dachterrassen. Diese sind teilweise überdacht und gegen den hier oft starken Wind geschützt. Wieder prägen markante Rundungen – die Terrassenbrüstung folgt jeweils dem gekurvten Wohnzimmergrundriss der darunter liegenden Einheit – das Gesamtbild; die Lichtkuppeln des Treppenhauses und die hochgezogenen kreisförmigen Aufzugtürme gliedern diese Terrassenlandschaft, die durch raumhohe Glaselemente zur Fortsetzung des eigentlichen Wohnraums wird. Hier schließt Seidler direkt an seine Wohnungs- und Villenbauten in Australien an: Wohn- und Freiräume gehen scheinbar nahtlos ineinander über, die Wohnung wird als vielfältiges Raumkontinuum erlebbar.

Der Baubeginn 1995/96 ermöglichte eine Abstimmung der Gebäudestatik mit der Überplattung der Autobahn;

Seidler's design was finally accepted after a participation process, which involved the public-housing residents in the district. The planning department had even set up the architect's model in the underground station where serious discussions with residents took place. The *Widmung* (dedication) put down in the Land Use Plan was worked out by the planning department (MA 21C). Contrary to the practice in American or Australian cities, this Widmung is adopted by the City Council and is legally binding for everyone. Planning also had to be coordinated with the municipal experts, especially with the City Architecture Department (MA 19). Neue Donau Housing Estate was built by ARWAG, a company mainly owned by the city and Bank Austria, which later went into a cooperation with two other developers, BAI and SEG, their participation lying at 30 %. ARWAG also supervised the construction of the cinema complex, whereas the tower was built entirely by them. The cooperation of the three developers resulted in a combination of subsidized rental apartments with subsidized and privately-financed owner-occupied apartments, thus guaranteeing a better social mixture within the social housing.

The Apartments

Apart from the tower, the apartments are situated in seven blocks of varying length, which Harry Seidler had placed diagonally across the expressway. This not only created good corridors through which to view for the existing housing estates, but also resulted in a more economical construction, as the loads are now distributed onto a larger number of beams (up to twenty instead of five, when placed parallel to the girders). This allowed for the adding of additional floors on the structure, spanning up to twenty-seven metres covering the eight-lane expressway.

The housing blocks dispose of two to five staircases with three or four apartments per floor. All staircases have glass elevator shafts and direct lighting through dome lights. Sizes of apartments correspond to the conditions put down by the Vienna Housing Department: 54 m², 75 m², 90 m², and up to 130 m² for the rooftop apartments. The most frequently built type is a two-bedroom, 75 m² flat, oriented to both sides of the block. The kitchen opens up to the living room; the curved form of the balconies allows the setting-up of a table or several deck chairs, and all balconies have an unobstructed view to the river. Their special glazing design allows for privacy and maximum transparency at the same time, preventing balcony decorations common in such housing estates. Indeed, the elegance of the facades results mainly from these sculptural groups of balconies – an element which Seidler has repeatedly used in his housing estates, in the Sydney Horizon Towers, for example. Ground floor apartments have small private gardens to allow for privacy. The horizontal strips of windows in front of the bedrooms evoke classical modern architecture; their sills are lower on one side to give children an unobstructed view into the open landscape.

dadurch ergaben sich trotz großer rechtlicher und technischer Herausforderungen – so musste die Planung auch Zu- und Ausfahrten Richtung Kaisermühlen und Donau-City berücksichtigen, der Verkehr auf der Autobahn musste während der gesamten Bauzeit aufrecht erhalten werden – wesentliche Synergien. Beim Bau selbst wurden, soweit sinnvoll, industrielle Methoden angewendet; beispielsweise wurden sämtliche gekurvten Balkon- und Trägerelemente vorgefertigt, ebenso die Versorgungsschächte. Wie fast alle neuen Wohnhausanlagen Wiens wurde der Wohnpark Neue Donau an das stadteigene Fernheizsystem der Heizbetriebe Wien angeschlossen.

Die außergewöhnliche Qualität der Planung darf nicht vergessen lassen, dass – mit Ausnahme einer geringen Zahl frei finanzierter Eigentumswohnungen – alle Wohnungen im Rahmen des geförderten Wohnungsbaus der Stadt Wien errichtet wurden, für den bestimmte Bedingungen hinsichtlich maximaler Baukosten, Wohnungsgröße, Mietgestaltung und zulässigem Haushaltseinkommen gelten; die Überprüfung dieser Bedingungen erfolgt durch die Wohnbauförderungsstelle (Magistratsabteilung 50) der Stadt Wien. Im Falle des Wohnparks Neue Donau lagen die Gesamtbaukosten pro qm Nutzfläche bei 1 300,- Euro (1 190 US $), der Anteil der öffentlichen, nicht rückzahlbaren Forderung bei rund 28 %. Daraus ergeben sich monatliche Wohnungskosten von 5,- Euro (4,50 US $) pro qm inkl. Betriebskosten und Steuern bzw. 375,- Euro (345,- US $) monatlich für eine 75 qm große Drei-Zimmer-Wohnung. Zusätzlich hatten die Mieter einen Baukostenzuschuss zu zahlen, der allerdings im Falle der Wohnungsaufgabe refundiert wird; durch diesen reduzieren sich die Finanzierungskosten bei Neubauwohnungen. Haushalte mit niedrigem Einkommen können für den Baukostenzuschuss jedoch ein öffentliches Eigenmittelersatzdarlehen in Anspruch nehmen und dadurch die Anfangsbelastung vermeiden; ebenso besteht gegebenenfalls ein Rechtsanspruch auf Wohnbeihilfe (Wohngeld) durch das Land Wien, die bis zu 100 % der reinen Miete abdecken kann. Wohnungen wie im Wohnpark Neue Donau dienen damit in Wien primär einer qualitativ hochwertigen Wohnversorgung von Haushalten mit niedrigem oder mittlerem Einkommen. Haushalte mit hohem Einkommen können lediglich die frei finanzierten Eigentumswohnungen beziehen.

Kindergarten

Das für den Planer und den Bauträger verbindliche Bauprogramm sah auch einen Kindergarten mit vier Gruppen vor, den Harry Seidler direkt in die Wohnhausanlage integrierte. Das untere Geschoss wurde abgesenkt, um den Bau nicht zur Sichtbarriere zwischen Wohnungsbauten und Donau zu machen und die Kinder vor einem direkten Zugang zum Fluss zu schützen. Überdachte, windgeschützte Bereiche ermöglichen den Aufenthalt im Freien auch bei heißem Sommerwetter; andererseits kann die Sonne an Wintertagen ungehindert in die verglasten Gruppenräume eindringen. Architektonisch reizvoll ist auch hier der gekurvte Baukörper mit seinen runden Oberlichtern. Im Obergeschoss steht den Kindern eine große begrünte Terrasse mit prachtvollem Blick auf die

The step-design of the blocks, up to nine floors high, creates a series of generous rooftop terraces oriented towards the Danube. They are partly covered, and protected against the often strong winds. Again, it is the significant curves – the terraces taking up the curved layout of the living room beneath – that mark the general appearance; dome lights above the staircases and the circular elevator towers arrange the large terrace areas which connect to the living rooms via full glazing. Here Seidler takes up his previous designs for housing projects in Australia: rooms and open spaces seem to connect seamlessly, apartments are experienced as a continuous flow of space.

Starting the construction in 1995/96 made it possible to coordinate the statics of the building with the covering of the expressway. This provided certain synergies, in spite of considerable technical challenges; the planning, for example, had to integrate several exits of the expressway while the traffic had to be kept flowing during the whole time of construction. Industrialized building methods were employed as far as possible, using prefabricated elements for balconies, for supporting beams, and for installations. Like most of Vienna's new housing estates, Neue Donau Housing Estate is connected to the city-owned district heating system.

Despite the extraordinary quality of the design all of the apartments, with the exception of few privately-financed condominiums, were built within the framework of Vienna social housing, hereby entailing clear conditions for the construction costs, sizes of the apartments, rent levels and acceptable incomes. These conditions are controlled by the City Housing Subsidies Department (MA 50). At the Neue Donau Housing Estate, total construction costs – including the planning – were 1,300 euro/m^2 (1,190 US dollars) of useable floor space; 28 % of these costs were covered by non-repayable grants. This works out to a monthly rent of 5 euro/m^2 (4.50 US dollars) including running costs and taxes, or 375 euros (345 US dollars) per month for a 75 m^2 two-bedroom flat. The down payment required from the tenants reduced the financing costs, and has to be refunded when they move out. Low-income households are entitled to a public low-interest loan, as well as to individual rent subsidies up to 100 % of the net rent. Apartments in estates like in the Neue Donau residential complex therefore serve to satisfy the housing needs of a large part of the population, high-income households mostly being restricted to private rental housing or to privately financed owner-inhabited apartments.

Kindergarten

The building programme given to the planner included a kindergarten with four separate groups, which Harry Seidler integrated into the estate. The lowered ground floor prevents an obstruction of the views from the housing blocks, and protects children from a direct access to the river. Covered, wind-protected areas allow for the use of open spaces on hot summer days while in winter the sun can enter through the glazed facades.

Donau zur Verfügung; diese bildet einen optisch integrierten Bestandteil der üppigen Parklandschaft zwischen den Wohnblocks.

Wie in fast allen geförderten Wohnhausanlagen wird auch dieses Kindertagesheim von einer eigenen Abteilung der Stadt Wien (Magistratsabteilung 11) betrieben. Im unmittelbaren Anschluss an den Wohnpark Neue Donau befindet sich im übrigen auch eine neue Volks- und Sportmittelschule von Seidlers Wiener Kontaktarchitekten, Manfred Nehrer und Reinhard Medek.

Gemeinschaftsräume

Die Gemeindebauten des ›Roten Wien‹ hatten sich nicht zuletzt durch ein beeindruckendes Angebot an Gemeinschaftseinrichtungen ausgezeichnet. Diese sind durch die wirtschaftliche und gesellschaftliche Entwicklung – größere Wohnungen mit besserer Ausstattung, höhere Mobilität, attraktiveres Freizeitangebot – teilweise obsolet geworden. Dennoch ist öffentlicher Wohnungsbau in Wien stets mehr als bloße Aneinanderreihung von Wohnungen. Dies zeigt sich schon an den Vorgaben der Stadt, deren Infrastrukturkommission die erforderlichen Einrichtungen der technischen und sozialen Infrastruktur genau definiert – im konkreten Fall etwa die Größe des Kindergartens und der Volksschule –, aber auch an der Selbstverständlichkeit, mit der Bewohner im sozialen Wohnungsbau Gemeinschaftseinrichtungen erwarten. Dazu zählen heute jedenfalls Kinderwagen- und Fahrradabstellräume, meist aber auch aufwendigere Freizeiteinrichtungen. Eingebettet in die fußläufige Parklandschaft finden sich im Wohnpark Neue Donau zwei Gemeinschaftsgebäude: im nördlichen Bereich ein vielfältig nutzbarer Mehrzwecksaal mit abtrennbaren Raumeinheiten, im Süden des Wohnparks ein Sauna- und Fitnessgebäude mit Aufenthaltsraum und Küche für private Feste sowie mit eigenem geschütztem Freibereich. Das Gebäude kann später erweitert werden. Auch hier berücksichtigt die Architektur das Wiener Klima mit seinem oft heißen Sommer, kaltem und langem Winter sowie häufig starkem Wind, ohne auf Ausblick und Transparenz zu verzichten.

Die Kunstwerke

Schon bei den Wohnungsbauten des ›Roten Wien‹ hatte die künstlerische Ausgestaltung zum Bauprogramm gehört. Selbst Künstler der berühmten Wiener Werkstätte waren daran beteiligt gewesen. Auch nach dem Zweiten Weltkrieg sah sich die Stadt als ›Mäzen‹ und empfahl für alle Neubauten, zwischen 0,1 % und 1 % der Baukosten für ›Kunst am Bau‹ vorzusehen. Dadurch kamen tausende, in ihrer Qualität allerdings sehr unterschiedliche Kunstwerke im öffentlichen Raum zustande.
Im Wohnpark Neue Donau wird Kunst zum integralen Bestandteil der Gestaltung. Hier gibt es einen direkten Bezug zur Heimat des Architekten, Australien: Lin Utzon, die in Kopenhagen lebende Künstlerin und Tochter des Architekten des Opernhauses in Sydney, Jørn Utzon, schuf vier große Reliefs aus teilweise goldbeschichteten Aluminiumplatten: drei an den Schmalseiten der niedrigeren Wohnblocks, eines am Hochhaus. Die amorphen Formen assoziieren Blätter oder fließendes Wasser; sie antworten

The design is characterized by a curved structure with circular ceiling openings. The upper floor is made up mainly of an ample terrace with a spectacular view over the river; it forms a part of the lush green garden scenery.

The kindergarten is managed by the respective city department (MA11). Next to Neue Donau Housing Estate there is also a new primary school and a sports-oriented grammar school designed by Harry Seidler's Vienna contact architects, Manfred Nehrer and Reinhard Medek.

Communal Facilities

'Red Vienna' council housing estates had been equipped with generous communal facilities. The economic development, with larger apartments, higher mobility, and leisure facilities of all kinds, has made many of them less necessary. Nonetheless, public housing in Vienna has always been more than simply a collection of apartment buildings; this is clearly demonstrated by the city's conditions concerning the infrastructure, and also by the residents' expectations towards such facilities. These include – in all of the estates – laundries, rooms for prams and bicycles etc., as well as attractive leisure rooms. At Neue Donau Housing Estate, which forms a part of a lush landscape, two community rooms were designed by Harry Seidler: in the northern part, a multi-purpose hall with flexible walls, in the southern part, a building containing a sauna, a gym, a protected terrace, and a multi-purpose room with a kitchenette for private parties. This building can later be extended. Both buildings accommodate the local climatic conditions with often-hot summers, cold and long winters, and strong winds without affecting the views and the transparency.

The Works of Art

Artistic design had been a part of the 1920s housing programme, with even well-known artists of the Wiener Werkstätte participating. After World War II, the city recommended reserving 0.1 to 1% of the construction costs for the arts, resulting in thousands of works of art – of varying quality – in public spaces.

At the Neue Donau Housing Estate art forms an integrative part of the design. With some connection to the architect's home country Australia, Lin Utzon, the Copenhagen-based daughter of the Sydney Opera House architect Jørn Utzon, designed four large-scale reliefs of gold and aluminium-covered metal. Their irregular shapes evoke leaves or running water; at the same time they correspond to the curved elements of the architecture. Three of the reliefs are fixed to the small sides of the lower housing blocks. The fourth one, on the tower, is floodlit in the evenings, thereby becoming a significant trademark of the whole estate.

Another remarkable work of art can be found in the two-storey lobby of the tower: a collage in three pieces of mixed techniques by Frank Stella whose large-scale colour plates have been used by Harry Seidler repeatedly in his Australian buildings.

zugleich auf die gekurvten, seriellen Elemente der Architektur. Am Abend angestrahlt, wird besonders das große Relief am Hochhaus zum weithin erkennbaren Zeichen. Ein weiteres bemerkenswertes Kunstwerk befindet sich in der zweigeschossigen Eingangshalle des Hochhauses: eine dreiteilige Collage in Mischtechnik von Frank Stella, dessen großformatige Farbtafeln Harry Seidler auch in Australien schon mehrmals in seinen Bauten eingesetzt hat.

Kino- und Entertainmentcenter

Das an der Reichsbrücke gelegene Kino- und Entertainmentcenter trägt entscheidend zur Attraktivität des Wohnparks Neue Donau bei – dank des direkten Zugangs zur Station der U-Bahnlinie 1 auch für Bewohner anderer Stadtteile. Gleichzeitig schirmt es die Wohnbebauung gegen den Lärm der Wagramer Straße ab. Auf insgesamt drei Etagen verteilen sich 14 Kinosäle für 3 000 Besucher sowie zahlreiche Gastronomie- und Unterhaltungseinrichtungen. Die Erschließung erfolgt über eine breite Galerie mit direkter Belichtung und eine großzügige dreigeschossige Halle; deren Innenausgestaltung erfolgte durch den Betreiber des Zentrums.

An der zur Reichsbrücke weisenden, weitgehend geschlossenen Fassade ragt die geschosshohe elektronische Anzeigetafel wie eine Flagge über die vom Zentrum kommende Schnellstraße. Die zum Wohnpark orientierte Seite dagegen spielt Seidlers Formenvokabular – geschlossene weiße Fassadenflächen im Wechsel mit schattenwirksamen Öffnungen, gekurvte Elemente, skulpturale Treppen, Rampen etc. – voll aus.

Das Hochhaus

Wie ein selbstverständliches, immer schon da gewesenes Signal markiert das neue Hochhaus Wiens städtebaulich wichtigste Achse, die vom Stephansdom über Rotenturmstraße, Praterstraße und Reichsbrücke nach Norden führt. Im ersten städtebaulichen Konzept war der 100 Meter hohe Turm als Bürohaus über einem Einkaufs- und Entertainmentbereich konzipiert worden; erst nach umfangreichen Machbarkeitsstudien erfolgte die Entscheidung zugunsten eines Wohnhochhauses und des heutigen, baulich getrennten Kinocenters. Beide teilen sich jedoch die von der Erschließung her komplizierte Lage auf einer ›Bebauungsinsel‹ zwischen Wagramer Straße, Donau und den teilweise überdachten Zufahrten zur Autobahn und zu den Parkplätzen.

Über einem annähernd dreieckigen Grundriss erhebt sich der zweiflügelige Bau, abgewendet von der Hauptwindrichtung, in Form eines aufgeklappten Buches; die nach Südwesten orientierten Wohnungen erhalten dadurch einen einzigartigen Blick über Donau, Innenstadt und Wienerwald, die nach Osten orientierten über die Seenlandschaft des Kaiserwassers. Mit der direkten Erschließung durch die U-Bahnlinie 1 bzw. durch die Autobahn A 22 und dem vielfältigen, fußläufig erreichbaren Einkaufs- und Freizeitangebot entspricht Seidlers Hochhaus zudem geradezu idealtypisch den von der Stadtplanung formulierten Anforderungen im ›Wiener Hochhauskonzept‹.

Cinema and Entertainment Centre

Situated next to the bridge across the Danube, the cinema and entertainment centre contributes greatly to the attractiveness of the Neue Donau Housing Estate, even for residents of other parts of the city due to its direct access to the station of the U1 underground line. It also serves as a noise protection against the din of the Wagramer Strasse. There are fourteen halls with 3,000 seats on three levels, and a large number of restaurants, shopping possibilities and areas for games. Access is via a broad fully-glazed gallery and a three-storey hall. The interior design was completed by the developers.

The facade facing Reichsbrücke is mostly closed and accentuated by an electronic billboard announcement, which projects like a flag over the main road coming from the city centre. The other side, however, facing the estate itself, displays some of Harry Seidler's full architectural vocabulary – closed white facades contrasting with shade-casting apertures, curvilinear elements, sculptural stairs, ramps, etc.

The Tower

It is a major landmark in Vienna's most important urban axis leading north from St Stephen's Cathedral via Rotenturmstrasse, Praterstrasse, and across the Danube over the Reichsbrücke. The first urban planning concept had suggested a one-hundred-metre-high office tower above a shopping and entertainment centre; after extensive feasibility studies the decision was taken to separate the high-rise building from the cinema centre, and to concentrate on the housing. Both buildings share the rather complex site between the Wagramer Strasse, the Danube and the partly covered access roads leading towards the expressway and to the carparks.

The two wings of the building open up like a book over a triangular-shaped base, avoiding the main direction of the winds. Apartments facing southwest have a unique view over the Danube to the inner city and to the Vienna Woods. Those facing east look over the lakes of Kaiserwasser. With direct access to the U1 underground and to expressway A 22, as well as to numerous shopping and leisure facilities – that are easy to reach by pedestrians – Seidler's tower corresponds directly to the requirements laid down in Vienna's high-rise concept.

The tower was erected by ARWAG within the subsidized housing system; there are small-furnished studios on the lower seven floors, next to some offices, serving short-time residents of the neighbouring international organizations. Apartments fill the two high-rise wings, their size determined by the Vienna Housing Department. The most frequent 'C-type' is a 2-bedroom flat of 71 to 80 m². All apartments have 'closed' balconies with moveable glass elements. All offer views over the river or to Kaiserwasser, but the most spectacular views over the city and the Vienna Woods are offered by the privately-financed penthouses on the floors thirty-one to thirty-four.

The architecture of the tower aims at creating a visual sign that can be recognized from afar, while still

Der von der ARWAG im Rahmen des geförderten Wohnungsbaus errichtete Turm weist in den ersten sieben Stockwerken kleine Ein-Zimmer-Appartments auf, die sich an Kurzzeitmieter vor allem der benachbarten internationalen Organisationen richten, außerdem einige Büroeinheiten. Zwei der Flügel des Gebäudes erheben sich bis zu 100 Meter Höhe. Hier befinden sich die Wohnungen. Die Wohnungsgröße entspricht den Vorgaben der Wiener Wohnungspolitik; am häufigsten vertreten ist die ›C-Type‹, eine Drei-Zimmer-Wohnung mit 71 bis 80 qm. Alle Wohnungen verfügen über Loggien mit verschiebbaren Glaselementen und über direkten Blick auf die Donau bzw. das dahinter liegende Kaiserwasser. Besonders eindrucksvoll sind die (nicht geförderten) Penthäuser vom 31. bis zum 34. Stockwerk mit Blick über die gesamte Stadt und den Wienerwald.

Die Architektur des Hochhauses zielt auf eine Symbiose zwischen Fernwirkung und menschlichem Maßstab; erstens durch die Akzentuierung des Turms mittels der unverwechselbaren Skulptur des Antennenträgers, zweitens durch sorgfältigst gestaltete Freiräume und den Rhythmus der kurvig ausschwingenden Loggiengruppen – eine Lösung, die Seidler schon bei den Horizon Apartment Towers in Sydney und anderen Wohnbauten angewandt hatte. Kenneth Frampton hat diese organische Plastizität als typisch für Seidlers spätere Werke und als Überwindung der vom Bauhaus geprägten tektonischen Ordnung interpretiert. Vor allem aber stellt das Hochhaus trotz seiner Masse keinen Solitär, sondern einen integrierten Bestandteil und gleichzeitig Höhepunkt des neuen Stadtteils an der Donau dar.

maintaining a human scale; the first, by setting a significant telecommunication tower on top of the building, the latter, by carefully designed open spaces and by the rhythm of its curving groups of balconies. This solution was also applied by Seidler earlier at the Sydney Horizon Towers and other housing estates. Kenneth Frampton has interpreted this organic plasticity as typical for Seidler's later projects, as a reworking of the tectonic order of the Bauhaus. Most importantly the tower, however – in spite of its considerable volume – is not a solitary building but an integrated part of the new district at the Danube, and its highlight at the same time.

46/47

46

Überplattung der Autobahn mit drei Meter hohen Balken im Abstand von drei Metern, Nutzung der Zwischenräume für Aufzugsgruben und Abstellräume

Expressway bridging structure: three-metre-deep beams three metres apart, space between accomodating elevator pits and tenants' storage rooms

47

Fertige Überplattung mit bereits sichtbarer Fundierung der Häuserblöcke

Covering of expressway complete with base of housing blocks visible

Bautechnik

»Platte« über der Autobahn

Die achtspurige Donauufer-Autobahn wird von drei Meter hohen Ortsbetonträgern mit einer maximalen Spannweite von 27 Metern im Abstand von drei Metern überbrückt. Der Raum zwischen den oberen und unteren Deckentafeln nimmt die Aufzugsgruben und Kellerabteile für die Wohnungen auf. Durch die Schrägstellung der Baublocks wird eine ökonomischere Lastenaufteilung erreicht.

Wohnblocks

Die Außen- und Wohnungstrennwände bestehen aus 20 cm starkem Ortsbeton mit außenseitig 6 cm Wärmedämmung und 3 cm Putz, die Decken aus vorgefertigten Elementen mit Ortsbetonauflage. Die Innenwände sind Gipskartonständerkonstruktionen. Alle gekurvten Balkonelemente wurden aus Beton vorgefertigt.

Building Techniques

The Covering of the Expressway

The eight-lane expressway along the Danube is bridged every three metres by girders three metres high, the maximum spanning distance is twenty-seven metres long. The space between the lower and the upper covering is used for the elevator pits and for storage rooms for the apartments. By placing the blocks diagonally across the beams a more economical distribution of the load was achieved.

Housing Blocks

Exterior walls and those between apartments consist of twenty centimetres of concrete produced *in situ* with an exterior thermal insulation of six centimetres and three centimetres of cast. Ceiling elements were prefabricated, as were the curved balcony elements. Interior walls

Sämtliche größeren Glasflächen erhalten Sonnenschutz durch die darüberliegenden Balkone bzw. durch vertikale Metallauskragungen; dadurch kann auch an heißen Tagen auf sichtstörende Jalousien verzichtet werden.

Hochhaus

Der Kern des Hochhauses mit den Aufzugs- und Treppenschächten wurde in Gleitbauweise hergestellt, das Gebäude wuchs daher täglich um 20 cm in die Höhe. Die vollständig vorgefertigten Balkone wurden jeweils in die Geschosse eingehängt. Vorgefertigte Betonschächte nehmen alle vertikalen Leitungen einschließlich Heizung und Belüftung auf. Der gesamte Rohbau konnte in fünf Monaten hochgezogen werden.

Auf den Turm wurde der markante Antennenträger aufgesetzt, dessen zwei geschwungene Flügel einen Installations- und Serviceraum umschließen. Außen- und Innenwandkonstruktion entsprechen jener der niedrigeren Bauteile.

Gartenmauern

Die markanten ein Meter hohen Mauern zwischen den verschiedenen öffentlichen und privaten Freiräumen wurden aus Ortsbeton gegossen, wobei eine speziell entwickelte Schalungstechnik zur Anwendung kam, um die von Harry Seidler gewünschten Kurven und Rundungen zu erzielen.

are plaster-cardboard on a supporting metal structure. All larger glazing is sun-protected by the balconies above or by vertically projecting metal posts, therefore, even on hot days obstruction of views by venetian blinds can be avoided.

Tower

The staircase and the elevators inside of the tower were constructed of *in situ* concrete with the help of gliding moulds. The prefabricated balconies were connected to the floors step-by-step. Prefabricated concrete elements all contain vertical pipes and installations, including the heating and ventilation. The whole structure was completed within five months.

The striking communication tower is on top of the building with two wings encircling an installation and service room. Exterior and interior walls were constructed in the same fashion as in the lower buildings.

Garden Walls

The appealing one-metre walls between the public and private open spaces were cast by using *in situ* concrete and special moulds to achieve the curved forms designed by Harry Seidler.

48

Vorgefertigte Installationselemente für das Hochhaus

Precast concrete elements for all vertical installations in the tower

49

Bau des Hochhauses, Fertigstellung des Rohbaus in fünf Monaten

Tower during construction, the concrete structure being completed within five months

50/51

Patentierte Sperrholzschalung zur Herstellung der gekurvten Betonmauern

Patented adjustable plywood formwork to create any radius of curved concrete walls

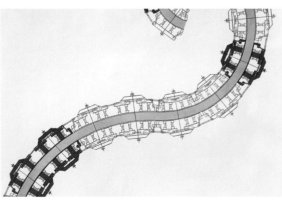

48

49

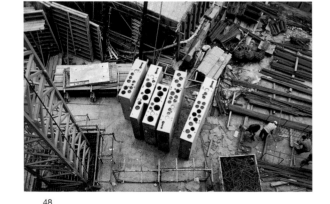

50

51

52

53

55

54

56

Resümee

Harry Seidlers Wohnpark Neue Donau stellt ein wichtiges Zeugnis des sozialen Städte- und Wohnungsbaus an der Wende vom 20. zum 21. Jahrhundert dar. Dazu war engagierte Architektur maßgeblich, aber auch die spezifische Situation Wiens. Welche Bedingungen waren es also, die im wesentlichen den Erfolg dieses Projektes ermöglichten?

Dezentralisierte Wohnungspolitik

Innerhalb der bundesstaatlichen Verfassung Österreichs haben die neun Bundesländer eine weitgehende Freiheit im Hinblick auf die Gestaltung ihrer Wohnungspolitiken. Wien, zugleich Stadt und Bundesland, unterscheidet sich dabei deutlich von den anderen Bundesländern; einerseits

Résumé

Harry Seidler's Neue Donau Housing Estate is an important testimony to social urban planning and housing at the turn of the twentieth to the twenty-first century, the result of an ambitious architecture as well as the specific situation of Vienna. What conditions make this project so successful?

Decentralized Housing Policies

Within the federal constitution of Austria the nine Bundesländer (provinces) enjoy a certain freedom in formulating their housing policies. Vienna, which is also a province, differs considerably from the rest of the country being Austria's only metropolitan area. This is due to its historic and political development described in the

als einzige Millionenstadt Österreichs, andererseits durch seine in diesem Buch bereits skizzierte historische und politische Entwicklung. Insbesondere seit der Veränderung der Wohnbauförderung 1988 bestehen auf nationaler Ebene nur noch wenige, allerdings wichtige gesetzliche Instrumente – vor allem das Mietrechtsgesetz (MRG), Wohnungseigentumsgesetz (WEG) und das Wohnungsgemeinnützigkeitsgesetz (WGG).

Gesicherte Mittelaufbringung

Die Aufbringung der finanziellen Mittel für den geförderten Wohnungsbau sowohl für geförderte Miet- bzw. Eigentumswohnungen als auch Eigenheime basiert auf prozentuell fixierten, zweckgebundenen Anteilen an der Einkommens-, Lohn- und Körperschaftssteuer und an den Wohnbauförderungsbeiträgen der Beschäftigten. Diese werden nach den Regeln des Finanzausgleichs auf die neun Bundesländer aufgeteilt. Wien erhält daraus jährlich ca. 450 Millionen Euro (414 Millionen US $) für Zwecke des Wohnungsbaus. Trotz diverser Einschnitte in den letzten Jahren stellt diese Finanzierung noch immer eine sichere Grundlage für eine vorausschauende Planung des sozialen Wohnungsbaus im großen Maßstab dar, die in einer rein marktwirtschaftlichen Wohnungspolitik nicht möglich wäre. Die Stadt stellt jedoch insbesondere in Jahren mit hoher Bautätigkeit auf Grund gestiegener Nachfrage zusätzliche Mittel für den Wohnungsbau aus dem eigenen Budget zur Verfügung. Durch diese direkte Förderung aus dem Steueraufkommen ist der Wohnbau zwar direkt an die allgemeine wirtschaftliche Entwicklung gebunden, andererseits bewirkt die Förderung unmittelbar die Produktion von Wohnungen – anders als etwa Steuerabschreibmodelle in anderen Ländern, die außerdem primär besser Verdienenden zugute kommen.

Gemeinnütziges Wohnen

Zwar verfügt die Stadt Wien als größter Hauseigentümer Österreichs über rund 220 000 eigene Mietwohnungen, doch wird in den letzten Jahren der überwiegende Teil des sozialen Wohnungsbaus über gemeinnützige Wohnungsunternehmen unterschiedlicher Rechtsform abgewickelt. Diese unterliegen dem nationalen Wohnungsgemeinnützigkeitsgesetz und einer doppelten Kontrolle durch den eigenen »Revisionsverband« und durch die jeweilige Landesregierung. In ganz Österreich gibt es derzeit rund 200 gemeinnützige Wohnungsunternehmen, die 650 000 Wohnungen verwalten und jährlich etwa 15 000 Wohnungen neu errichten. In Wien allein gibt es 136 000 geförderte Mietwohnungen zusätzlich zu den 220 000 kommunalen Mietwohnungen, doch auch ein Großteil der 130 000 Eigentumswohnungen wurde im Rahmen des geförderten Wohnungsbaus errichtet und unterliegt daher bestimmten Einkommens- bzw. Weitergabebeschränkungen. Gemeinnützige Wohnungsunternehmen sind steuerbegünstigt und müssen dafür Gewinne größtenteils in den Wohnungsbau reinvestieren; Mieten sind klar geregelt – im allgemeinen gilt die sogenannte »Kostenmiete« zur Abdeckung des Finanzierungsaufwandes, dazu kommen die laufenden Betriebskosten und 10 % Mehrwertsteuer. Für eine geförderte Mietwohnung sind derzeit in Wien monat-

first chapters of this book. In 1988, most of the respective legal instruments were completely decentralized to the Bundesländer, leaving only a few regulations at national level – most importantly, the Tenancy Act, the Home Ownership Act, and the Non-Profit Housing Act.

Secure Financing

The financing of social housing, both in the rental sector and in the subsidized owner-occupied and single-family housing sector, is based on a fixed, earmarked part of the income tax, the corporate tax, and the housing contributions, the latter of which are paid directly by all employed persons. These national tax revenues are distributed to the nine provinces according to a complex financial agreement, Vienna receiving approximately 450 million euros (414 million US dollars) each year, which is earmarked for housing purposes. Despite several cuts in recent years this way of financing still provides a secure base for the planning of social housing programmes on a large scale, which would not be possible under strictly market-oriented housing policies. The city itself, however, had to contribute further means from its own budgets in recent years due to an increased housing demand. Although this subsidization of housing from earmarked tax-income is to some extent dependent on the overall economic development, subsidies such as these directly influence the production of new housing – contrary to tax-deduction models used in many countries that primarily benefit better-off households.

Non-Profit Housing

As Austria's biggest landlord, the city of Vienna owns about 220,000 rental apartments. Still, in recent years, the major part of new social housing has been carried out by non-profit housing associations under varying legal conditions. These associations are subject to the national Non-Profit Housing Act and to a second control by their own corporation and by the respective provincial government. At present, about 200 non-profit housing associations are active in Austria, managing some 650,000 apartments and building another 15,000 each year. In Vienna, they own and manage about 136,000 apartments, in addition to the city's own 220,000, and even the major part of the 130,000 owner-occupied apartments has been built within the subsidized housing

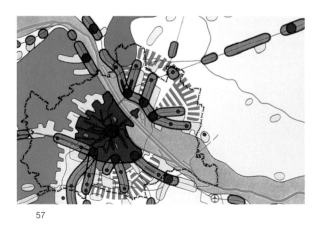

57

lich höchstens 3,54 Euro (3,26 US $)/qm Nettomiete bzw. rund 5 bis 6 Euro (4,60 bis 5,52 US $)/qm an Gesamtmiete zu bezahlen. Bei einkommensschwachen Haushalten kann diese durch Wohnbeihilfe (Wohngeld) deutlich reduziert werden. Dadurch ist sichergestellt, dass soziale Härtefälle mit Verlust der Wohnung (zum Beispiel durch Arbeitslosigkeit oder Krankheit) verhindert werden.

Um die Belastung durch Fremdfinanzierung zu reduzieren, verlangen die meisten Wohnbauträger außerdem einen Baukostenzuschuss, der bei Mietwohnungen im allgemeinen höchstens 12,5 % der Gesamtbaukosten beträgt, sowie einen Grundkostenanteil. Diese Eigenmittel sind bei Wohnungsaufgabe verzinst zu refundieren. Einkommensschwache Haushalte können ein Eigenmittelersatzdarlehen des Landes bzw. eine eigenmittelfreie Wohnung erhalten. Für alle geförderten Wohnungen gelten außerdem zum Zeitpunkt des Wohnungsbezugs Einkommensgrenzen, das heißt Bezieher hoher Einkommen sind vom Bezug solcher Wohnungen im Allgemeinen ausgeschlossen.

Objekt- und Subjektförderung

Die bundesstaatliche Verfassung erlaubt es dem Bundesland Wien, die Kriterien seiner Wohnbauförderung weitgehend autonom festzulegen. Traditionell überwiegt in Wien die objektseitige Förderung, das heißt die Subvention geht direkt an den Wohnbauträger zur Reduzierung der Finanzierungs- und damit der Verkaufs- bzw. Mietkosten. Im Falle des Wohnparks Neue Donau lag der Anteil dieser nichtrückzahlbaren Förderung bei 28 % der Gesamtbaukosten. Mittlerweile werden im Hinblick auf EU-Richtlinien statt Zuschüssen Darlehen mit 1% Verzinsung auf maximal 35 Jahre in der Höhe von rund 508 bis 580 Euro (467,- bis 534,- US $)/qm gewährt. Anders als bei reiner Subjektförderung kann dadurch die jährliche Wohnbauproduktion direkt politisch gesteuert werden. Der Anteil an Subjektförderungen, also Wohngeld direkt an die Mieter, nimmt jedoch zu; auf diese Wohnbeihilfe haben sozial entsprechend bedürftige Haushalte sogar Rechtsanspruch.

Reduzierung der Baukosten

Alle geförderten Wohnungsprojekte werden öffentlich ausgeschrieben, wobei die Bestbieter mit den Bauarbeiten zu beauftragen sind. Derzeit liegen die Gesamtbaukosten inkl. Planung bei 1100 bis 1200 Euro (1012,- bis 1104,- US $)/qm Wohnnutzfläche, dazu kommen maximal 218 Euro (200,- US $)/qm Grundkostenanteil. Bei höheren Grundkosten wird in der Regel aus sozialen Gründen keine Förderung gewährt. Auf Grund des hohen Anteils des geförderten Wohnungsbaus am gesamten Neubauvolumen in Wien (etwa 90 % aller neuen Wohnungen) hat das Land Wien hier einen wichtigen Einfluss auf die Entwicklung der Bodenpreise. Zusätzliche Kosteneinsparungen ergeben sich im Zuge der Bauträgerwettbewerbe, die für alle größeren Wohnbauvorhaben durchgeführt werden. Bauträger haben hierbei ein komplettes Produkt – Planung, Ökologie, Ökonomie – anzubieten und werden von einer interdisziplinären Fachjury nach Punkten in allen Bereichen bewertet.

programme. These owner-occupied apartments are therefore also subject to certain limitations concerning the income per household and the later sale of the apartments. Non-profit housing associations enjoy tax-reliefs and have to re-invest profits back into housing. Rents are strictly regulated, the cost-rent covering financing, the running costs and the 10 % value-added tax (consumer tax). The maximum monthly net-rent for a subsidized apartment in Vienna is currently 3.54 euro/m^2 (3.26 US dollars), or 5–6 euro/m^2 (4.60 to 5.52 US dollars) in total. Low-income households are entitled to individual subsidies ensuring that they do not lose their apartments in case of a sudden illness or unemployment.

To reduce financing costs most developers ask a down-payment, which in rental housing may not exceed 12.5 % of the total construction costs, as well as a share in land costs. These contributions by the tenants are refunded with interest when the tenants move out. Low-income households are entitled to low-interest public loans or even to apartments without a down-payment. All subsidized apartments are subject to certain limits on income at the time of completion, high-income households are mostly excluded from such housing. On the other hand, a later increase of income does not lead to a loss of the apartment.

Direct and Individual Subsidies

The federal constitution allows Vienna to set its own criteria for housing subsidies more or less autonomously; object-subsidies are given to the developers in order for them to reduce the financing costs and rents. At Neue Donau Housing Estate the amount of non-repayable subsidies was 28 % of the total construction cost. Meanwhile – with regard to EU regulations – such grants have been replaced by public 1% interest loans of up to 35 years, at a volume of 508 – 580 euro/m^2 (467– 534 US dollars) of useable floor space. Contrary to individual grants these subsidies give politicians the possibility to directly influence housing production. Still, the percentage of subsidies to the tenants is increasing, low-income households now even have a legal right to receive such *Wohnbeihilfe*.

Reducing Construction Costs

All subsidized housing projects are subject to public tender, with the best offer (not necessarily the cheapest) to be commissioned. Presently, total construction costs, including those for planning, amount to 1,100 to 1,200 euro/m^2 (1,012–1,104 US dollars) of useable floor space, plus a maximum of 218/m^2 (200 US dollars) for the respective share in land costs. Higher land prices are usually not accepted for social housing purposes. The city of Vienna profits from its strong influence on the land market due to the high percentage – approximately 90 % – of social housing within the total housing production, and due to the Widmung (dedication) of large areas exclusively for housing purposes. Housing developers' competitions, organized for all larger projects, also help to reduce construction costs. Develop-

Ökologische Grundkonzeption

Als Ergebnis einiger Testbauten wird der Niodrigenergie-standard (maximal 50 kwh/qm/Jahr Gesamtenergiever-brauch) mittlerweile bei allen Neubauprojekten erreicht. Wien sieht dies auch als bedeutenden Beitrag zur Errei-chung des von Österreich unterzeichneten Kyoto-Proto-kolls. Andere ökologische Maßnahmen wie wohnungs-weise Wasserzähler, Regenwassernutzung, Grauwasser-leitung, passive und aktive Solarenergienutzung usw., kommen in zunehmendem Maße zur Anwendung.

Neue Wohnhausanlagen wie der Wohnpark Neue Do-nau werden fast ausnahmslos verpflichtend an das Fern-heizsystem der stadteigenen Fernwärme Wien ange-schlossen; diese Verpflichtung gilt, soweit möglich, auch für geförderte Sanierungsprojekte. Derzeit sind rund 212 000 Wohnungen, etwa ein Viertel aller Wiener Woh-nungen, an das Fernheizsystem mit seinen 900 km langen Leitungen angeschlossen, außerdem zahlreiche Betriebe und Bürogebäude. Alle Wohnungen verfügen über indivi-duelle Heizlastablesung. Die Vorlauftemperatur ab Einspei-sung des Heißwassers liegt in Abhängigkeit von der Außentemperatur bei 95 Grad bis 150 Grad Celsius. Rund ein Viertel der benötigten Energie kommt ganzjährig aus der Verbrennung des Hausmülls, der überwiegende Rest aus Kraft-Wärme-Kopplungen mehrerer Kraftwerke und der OMV-Raffinerie. Lediglich in Spitzenzeiten müssen 4,5 % des Jahresenergiebedarfs aus Gas- bzw. Ölkesseln in fünf Kraftwerken abgedeckt werden. Dadurch werden rund 64,6 % an Primärenergie eingespart, was einer Redu-zierung der CO_2-Belastung von fast einer Million Tonnen entspricht. Die derzeitige Kapazität der Fernwärme Wien ermöglicht den Anschluss von rund 100 000 weiteren Wohnungen an das Fernheizungssystem in den nächsten Jahren; das Netz wird daher kontinuierlich ausgebaut.

Mehr Sicherheit für Mieter

Seit 1917 gibt es in ganz Österreich das Mietrechtsgesetz, das trotz vielfältiger Diskussionen bisher nicht in die Kom-petenz der Länder übertragen wurde. Es regelt im Prinzip die zulässigen Höchstmieten, abhängig von Wohnungs-standort, Rechtsform und Baualter. Mieten können vom Hauseigentümer nur in wenigen, genau definierten und kontrollierten Fällen erhöht werden. Obwohl befristete Mie-ten seit einigen Jahren zulässig sind, verfügt die Mehrheit der Wiener Haushalte über zeitlich unbefristete Mietverträ-ge, die sogar auf im gemeinsamen Haushalt lebende Kin-der übertragen werden können. Im sozialen Wohnungs-bau werden grundsätzlich unbefristete Verträge vergeben, und den Mietern wurde im Rahmen eines Mietermitbe-stimmungsstatuts breite Partizipation bei der Verwaltung ihrer Wohnanlage eingeräumt. Außerdem haben Mieter selbst im privaten Mietshaus weitgehende Verfügungsge-walt über ihre Wohnung; so können Wohnungsverbesse-rungen gegen den Willen des Hauseigentümers durchge-setzt werden, nicht jedoch umgekehrt! Dadurch sind Mie-ter in Wien auch bereit, relativ hohe Beträge in die Verbesserung ihrer Wohnungen zu investieren, zum Teil auch mit öffentlicher Förderung. Im Falle von Streitigkeiten können Mieter und Hauseigentümer unentgeltlich die Schlichtungsstelle der Stadt Wien anrufen. Deren Spruch

ers have to offer a complete product, consisting of the planning, of ecological measure, and of exact econom-ic calculations, and are judged by an interdisciplinary jury along a complex score system. Developers have to give a price guarantee, otherwise they risk losing the subsidies.

Ecology

As a result of several experimental buildings, low-energy consumption (max. 50 kWh/m²/year of total consump-tion) has now become the rule in new housing. This is also seen as one of Vienna's contributions to fulfil the requirements of the Kyoto Protocol, which was also signed by Austria. Other ecological measures include individual water metering, the use of rainwater and 'grey' water, passive and active solar energy use, etc.

New housing estates like the Neue Donau Housing Estate are required to connect to the city-owned district heating system; as far as technically feasible, this is also the case with all subsidized renewal projects. Currently, some 212,000 apartments – about 25 % of all housing in Vienna – as well as a large number of offices and busi-ness premises are connected to this heating system. It comprises of 900 kilometres of pipes. Each apartment is metered individually. The initial temperature lies be-tween 95 and 150 Celsius depending on the outside temperature. About 25 % of the necessary energy is provided by waste incineration, the rest comes from heat-power-links in several power stations and in a large refinery. Only at peak times, close to 4.5 % of the annual consumption has to be produced in five gas or oil power stations. Thus 64.6 % of all primary energy can be saved, equalling a reduction of CO_2 output of one mil-lion tons. The present capacity of the district heating company is extended continuously.

Tenants' Security

Despite much controversy, the 1917 Tenancy Act, which regulates the maximum amount of rent that may be asked for an apartment according to location, legal sta-tus, and construction period, has remained a national law until the present day. Only in very few, exactly de-fined cases, rents can be increased. Limited rental con-tracts have been allowed for some years. Most Vienna households nevertheless dispose of indefinite rental contracts, which can even be passed on to children oc-cupying the same flat. In social housing only indefinite contracts are permitted, and tenants enjoy a broad par-ticipation in the day-to-day management of the building. But also in privately-owned rental buildings, tenants are guaranteed important rights; they may, for example, carry out improvements against the owner's decision (but not the other way round). Disagreements between landlords and tenants can be decided by a city-run arbi-tration office without any extra costs. Decisions of this department are legally binding and can be passed on to the courts. This unusually high security for tenants may explain why about 80 % of all Vienna residents live in rental apartments.

ist für beide Teile bindend, kann jedoch gerichtlich angefochten werden. Diese hohe Mietsicherheit mag auch erklären, weshalb in Wien rund 80 % aller Haushalte in Mietwohnungen wohnen.

Durchmischte Nachbarschaften

Um die Bildung von Sozialghettos zu verhindern, werden in Neubauquartieren meist unterschiedliche Rechtsformen gemischt: höher bzw. weniger geförderte Miet- und Eigentumswohnungen sowie ungeförderte (›frei finanzierte‹) Eigentumswohnungen ohne Einkommensbegrenzung. Neue Stadtteile weisen daher im Allgemeinen eine gute soziale Durchmischung auf. Diese Vorgangsweise wurde auch im Wohnpark Neue Donau beibehalten, wobei Infrastruktur und Gemeinschaftseinrichtungen jedoch allen Bewohnern zugute kommen.

Soziale Stadtplanung

Wohnungsbau wird in Wien als Teil einer sozialen Stadtplanung verstanden. Eine eigene Infrastrukturkommission der Stadt prüft die Voraussetzungen für geförderte Wohnbauprojekte und legt die Bedingungen – beim Wohnpark Neue Donau zum Beispiel einen 4-gruppigen Kindergarten – im Detail fest. Das Wohnbauprojekt wird dabei als Teil bzw. Ergänzung eines Stadtviertels gesehen, das heißt infrastrukturelle Defizite wie Schulen, Gesundheitseinrichtungen, Sozialstützpunkte etc. sollen auf diesem Weg behoben werden. Ebenso notwendig ist die ausreichende Erschließung mit öffentlichen Verkehrsmitteln. Eine wichtige Grundlage für diese Festlegungen ist der Stadtentwicklungsplan, der etwa alle 10 Jahre überarbeitet und vom Gemeinderat beschlossen wird; er definiert große Entwicklungstendenzen, wie die Festlegung von Wohn- oder Gewerbegebieten, Achsen der städtebaulichen Entwicklung, Grünzonen usw. Darauf aufbauend werden von der Stadtplanung flächendeckend für das gesamte Stadtgebiet Flächenwidmungs- und Bebauungspläne erarbeitet. Diese durchlaufen einen breiten öffentlichen Diskussionsprozess mit vielfältigen Einspruchsmöglichkeiten durch den Bezirk, die Bewohner usw. und werden ebenfalls vom Gemeinderat beschlossen. Der Beschluss dieser Widmung, der im Falle des Wohnparks Neue Donau eine detaillierte Bebauungsstudie von Harry Seidler zugrunde lag, erfolgt auf politischer Ebene durch den Gemeinderat. Die Erarbeitung der Pläne obliegt den dafür zuständigen Abteilungen der Stadtplanung (MA 21 A-C). Für Stadtgestaltung und Wohnungsbau sind jeweils eigene Ressortpolitiker (Stadträte) verantwortlich.

Soziale Architektur

Dem wiederholt formulierten Anliegen der Stadt Wien, Stadtentwicklung und Wohnungsbau nicht komplett dem Markt zu überlassen, entsprechen neben der Wohnbauförderung vor allem die Vorgaben der Wiener Bauordnung, einem Wiener Landesgesetz. Diese regelt im ersten Abschnitt Fragen der Stadtplanung wie die Einsetzung des interdisziplinär besetzten Fachbeirats für Stadtplanung und Stadtgestaltung sowie Erstellung und Inhalt der Flächenwidmungs- und Bebauungspläne. Diese Pläne legen detailliert Nutzung und Bebauung fest: Bauklassen (Höhe),

Balanced Neighbourhoods

In order to prevent the emergence of social ghettos, new housing areas usually comprise of apartments of different costs and of various legal statuses: rental and owner-occupied apartments with higher or lower subsidisation, as well as privately financed condominiums, the latter being without any income limits. As a result, large new housing estates have a rather good social mixture. This approach was also taken at the Neue Donau Housing Estate, although its infrastructure can be partook of by all of its inhabitants.

Social City Planning

In Vienna housing is understood as a part of social-oriented city planning. The city has installed an infrastructure commission to define in detail the conditions for subsidized housing projects. At the Neue Donau Housing Estate, these include a kindergarten with four groups, and a school in the neighbourhood. Thus, new housing projects form a part of an existing area and help to overcome infrastructure deficiencies, such as in schools, health institutions, etc. Public means of transport are equally important.

The general rules are put down in the City Development Plan and are being revised and adopted by the City Council roughly every ten years. It defines the general aims and the development trends, including among others, the housing or business areas, axes of urban development along public transport lines, green areas, etc. Other plans, notably the Land Use Plan, are based on this general conception.

The Land Use Plan is subject to broad public participation by residents, district councils, etc., and is also adopted by the City Council. It includes the exact Widmung of each single plot in Vienna, which in the case of the Neue Donau Housing Estate was based on the design proposal by Harry Seidler. These plans are worked out by the respective City Planning Departments (MA 21A, D or C) and by the politicians (councillors) bearing the responsibility for urban planning and housing.

Social Architecture

The general policy of Vienna, i.e. not to leave urban development and housing completely up to the free market, is complemented by the housing subsidies and by the regulations of the Building Order, a Vienna provincial act. In its first part this law rules issues of city planning, like the interdisciplinary Advisory Board for Urban Planning and Urban Development, and the contents of the Land Use Plan. These plans have to describe in detail its exact use for each plot of land, the height and form of the buildings (free-standing, attached, etc.), the maximum density, the amount of green areas, underground building parts, etc. They are legally binding for everyone after adoption by the City Council.

Other chapters of the Building Order law stipulate the technical requirements, such as health protection and handicapped accessibility, as well as the architectural design. Without impeding modern architecture even in so-called protection-zones, any disturbance of the over-

Bauweise (zum Beispiel offen oder gekuppelt), Ausnutzbarkeit der Bauplätze, Anordnung und Ausgestaltung von Grünflächen, unterirdische Einbauten usw. Nach Beschluss durch den Gemeinderat sind sie für alle Beteiligten rechtlich verbindlich.

Andere Teile der Bauordnung regeln im Detail formelle und technische Erfordernisse von Bauprojekten wie Schutz der Gesundheit, Zugänglichkeit für Behinderte usw., aber auch die architektonische Gestaltung. Letztere soll eine Störung des Stadtbildes vermeiden, ohne jedoch moderne Architektur, selbst in sogenannten ›Schutzzonen‹, zu verhindern. Zur Beratung und Beurteilung von Neubau- und Umbauprojekten sowie von Gestaltungsmaßnahmen im öffentlichen Raum unterhält die Stadt eine eigene Abteilung für Architektur und Stadtgestaltung (MA 19), die unter anderem über eine im Internet abrufbare Kulturgüterdatenbank für ganz Wien verfügt. Aufgabe dieser Abteilung ist es auch, den Architekten bei der Umsetzung seiner Architektur auf Basis der genehmigten Pläne zu unterstützen. Der MA 19 kam daher beim Wohnpark Neue Donau und beim Kino-Center bei der Durchsetzung der Architektur Harry Seidlers große Bedeutung zu.

Information und öffentliche Diskussion

Die Weiterentwicklung des Wohnungsbaus in Wien in städtebaulicher, architektonischer, ökologischer und nicht zuletzt sozialer Hinsicht kann nur durch breite Diskussion in der (Fach-) Öffentlichkeit und durch kontinuierliche Information erfolgen. Dazu gehören eigene Programme der Wohnbauforschung sowie die Verbreitung von Forschungsergebnissen mittels städtischer Publikationen, zahlreiche Fachveranstaltungen der Fachressorts Stadtplanung und Wohnbau, vor allem aber die kontinuierliche Präsenz des Themas Wohnbau in den Medien. Nicht zuletzt sollen die Kunden des sozialen Wohnungsbaus, also (potentielle) Wohnungssuchende, umfassend und unbürokratisch informiert werden. Zu diesem Zweck gründete die Stadt den ›Wohnservice Wien‹, der seinem zentralen Büro, aber auch über Internet Informationen zu sämtlichen fertiggestellten bzw. geplanten geförderten Wohnbauprojekten bietet. Im Zuge des von Wien stark forcierten e-government sollen mittelfristig sämtliche Schritte von der Wohnungsinformation bis zur Anmeldung für eine bestimmte Wohnung über dieses neue Medium abgewickelt werden.

Sozialer Wohnungsbau in Wien stellt sich somit als ein vielfältiges, jahrzehntelang kontinuierlich weiterentwickeltes und an neue Herausforderungen adaptiertes System dar. Dessen Komplexität darf jedoch das eigentliche Ziel nicht vergessen lassen: zeitgemäße Wohnungen in einer attraktiven städtischen Umgebung für alle Bevölkerungsschichten anzubieten. Am Ende dieses Prozesses stehen dann Wohnanlagen wie der Wohnpark Neue Donau.

all urban landscape should be prevented. The city has an own architectural department (MA 19) to provide advice and to offer assistance in deciding about new buildings, reconstructions, or the design of open areas. The department has also collected data about all culturally valuable buildings, which can be accessed via the World Wide Web. Being responsible for supporting architects after the approval of their designs, MA 19 has played a key role in the implementation of Harry Seidler's architecture at the Neue Donau Housing Estate, as well as the entertainment centre.

Information and Public Discourse

A further development of social housing concerns urban planning, architecture, ecology, and last but not least, social policy. This needs continued broad discussion by the general public and among experts, as well as sustained information availability. This includes special housing research programmes and the distribution of their results by publications, presentations, and the regular publishing of housing issues in the media. Of course the clients of social housing, potential househunters, have to be informed comprehensively and unbureaucratically. At the city-owned company Wohnservice Wien, all information about planned and completed subsidized housing projects can be obtained at its centrally located centre or via its web page. But this is only the beginning. The city is now implementing its e-government strategy, which in the near future will enable residents to carry out all necessary steps from their homes, from the first overview of new housing, to the reservation of a particular apartment.

Vienna social housing thus represents a manifold system, which for decades has continuously developed and adapted to meet new challenges. In spite of its complexity, however, its primary aim should be kept in mind: to offer comfortable contemporary housing in an attractive urban environment to all residents at affordable prices. The outcome of this development are housing estates like the Neue Donau Housing Estate.

1 Die Wohnungspolitik der Gemeinde Wien, 1929
2 Otto Bauer, Die Österreichische Revolution, 1923
3 Das Genossenschaftshaus der Wiener Rosenhügelsiedlung und sein
   monumentaler Bilderschmuck, n.d., p.16
4 Robert Danneberg, Das neue Wien, Vienna 1930, p.10
5 Robert Danneberg, p. 35
6 Eve Blau, The Architecture of Red Vienna, Cambridge 1998, p. 204
7 Eve Blau, p. 144
8 Eve Blau, p. 249
9 Josef Frank, Katalog zur Werkbundausstellung, Vienna 1932
10 Günther Chaloupek/Peter Eigner/Michael Wagner, Wien-Wirtschafts-
    geschichte 1740–1938, Vienna 1991, p. 844
11 Magistrat der Stadt Wien, 14 Punkte für den Wiederaufbau, 1945

1 Die Wohnungspolitik der Gemeinde Wien, 1929, o. S.
2 Otto Bauer, Die Österreichische Revolution, 1923, o. S.
3 Das Genossenschaftshaus der Wiener Rosenhügelsiedlung und sein
   monumentaler Bilderschmuck, o.J., S.16.
4 Robert Danneberg, Das neue Wien, Wien 1930, S. 10.
5 Robert Danneberg, S. 35.
6 Eve Blau, The Architecture of Red Vienna, Cambridge 1998, S. 204.
7 Eve Blau, S. 144.
8 Eve Blau, S.249.
9 Josef Frank, Katalog zur Werkbundausstellung, Wien 1932, o.S.
10 Günther Chaloupek, Peter Eigner, Michael Wagner, Wien-Wirtschafts-
    geschichte 1740–1938, Wien 1991, S.844.
11 Magistrat der Stadt Wien, 14 Punkte für den Wiederaufbau, 1945.

III Wohnpark Neue Donau – Bildteil

Neue Donau Housing Estate – Illustrations

Blick auf den Wohnpark Neue Donau von der Reichsbrücke
View along the length of Neue Donau Housing Estate from the Reichsbrücke

Luftansicht von Süden
Aerial view from the south

▷▷
Blick nach Süden, Kindergarten am Erholungsgebiet der Neuen Donau
Looking south with the kindergarten facing the Neue Donau waterfront recreation area

Die Gestaltung der Balkone erlaubt eine direkte Sicht zum Fluss
Balconies are shaped to face towards the river

Spielplatz zwischen den verschwenkten Häuserblöcken, Erdgeschosswohnungen mit abgeschirmten privaten Gärten
Playgrounds between angled housing blocks, ground floor apartments with screened private gardens

Fußgängerrampen zwischen Donauufer und Erschließungsweg oberhalb der Garage
Pedestrian ramps between the embankment and the access path above the carpark roof

Blick auf die Donau von einem Balkon
View of the Danube from a balcony

▷▷
Erdgeschosswohnungen mit abgeschirmten Privatgärten
und Sonnenschutzelementen aus Metall
Ground floor apartments with screened private
gardens and metal sunshades

Fassadendetail mit gekurvten Balkonen und Sonnenschutzelementen
Facade detail with curved balconies and sunshades

Fassadendetail, Eingangsseite mit Schlafzimmer- und Treppenhausfenstern
Facade detail of entrance side with bedroom and stair windows

Eingangshalle mit Lichtkuppel
Vertical open space in top-lit entrance hall

Gläserner Liftschacht mit Erschließungsgang
Glass-enclosed elevator on typical floor landing

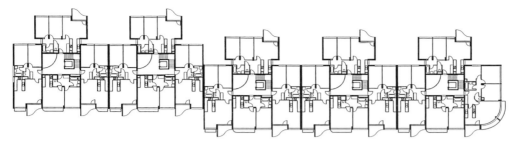

Langer Wohnblock mit Vierspännern
Long block plan with four apartments per landing

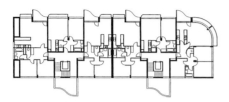

Kurzer Wohnblock mit Dreispännern
Short block plan with three apartments per landing

Grundriss eines typischen Dreispänners
Typical three apartments plan

Grundriss eines typischen Vierspänners
Typical four apartments plan

15 der 533 Wohnungen des ersten Bauabschnitts sind
Dachterrassenwohnungen mit 130 qm Wohnfläche. Eine dieser
Wohnungen wird vom Architekten selbst bewohnt, der auch
die gesamte Einrichtung von Australien mitbrachte.

Of the 533 first-stage apartments there are 15 roof terrace apartments of 130 m², one of which is occupied by the architect
himself. All the furnishings were brought by him from Australia.

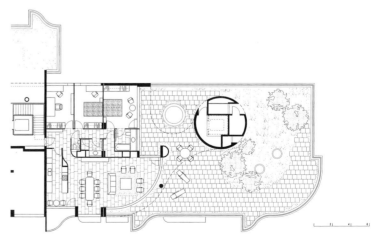

Grundriss der Dachterrassenwohnung
Roof terrace apartment plan

Wohnung Seidler: Vorzimmer, Kunstwerke von Joan Miró und Fred Timms
Seidler apartment entrance hall, artworks by Joan Miró and Fred Timms

Schlafzimmerfenster zur Dachterrasse
Main bedroom opening on to roof terrace

Küche mit Blick zur Reichsbrücke
Built-in kitchen with view to Reichsbrücke

Wohnbereich mit Granitboden, Aluminiumsessel von Marcel Breuer,
Teppich von Lin Utzon, Kunstwerke von Roy Lichtenstein und Frank Stella
Living area with granite floor, aluminium chairs by Marcel Breuer,
carpet by Lin Utzon, artworks by Roy Lichtenstein and Frank Stella

Blick zum Fluss und zur Innenstadt
View toward the river and the inner city beyond

▷▷
Ausblick von der Dachterrasse bei Nacht
Night view from the roof terrace

Viergruppiger Kindergarten
mit offenen und gedeckten Spielbereichen
The four unit kindergarten with open and
covered play areas

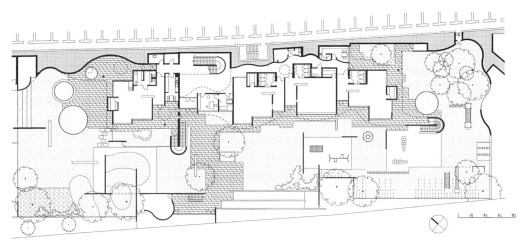

Kindergarten: Grundriss des unteren
Geschosses mit vier Gruppenräumen
Kindergarten: lower level floor plan
with four groups

Aluminiumreliefs von Lin Utzon
Aluminium artworks by Lin Utzon

Eingangshalle des Hochhauses mit Frank Stellas Arbeit *Brunnen*
Tower entrance hall with Frank Stella's work *Fountain*

Modell des Hochhauses
Model of tower

Lin Utzons Aluminiumrelief an der Nordseite des Hochhauses
Lin Utzon´s aluminium artwork on the north tower wall

Gemeinschaftsgebäude mit Fitnessraum, Sauna und Café im Südteil des Wohnparks
Community building with gym, sauna and café in the southern part of the estate

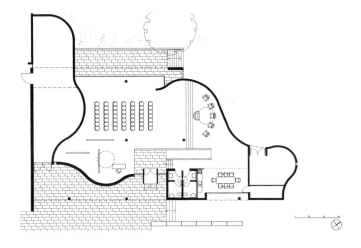

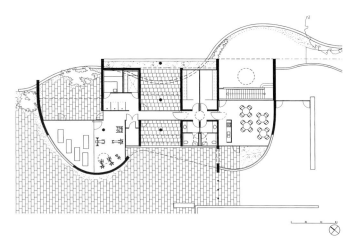

Grundriss des nördlichen Gemeinschaftsgebäudes
Floor plan of the community building in the northern part of the estate

Grundriss des südlichen Gemeinschaftsgebäudes
Floor plan of the community building in the southern part of the estate

Kino- und Entertainmentkomplex mit 14 Kinosälen und zahlreichen Restaurants
Cinema and entertainment complex with 14 movie halls and numerous restaurants

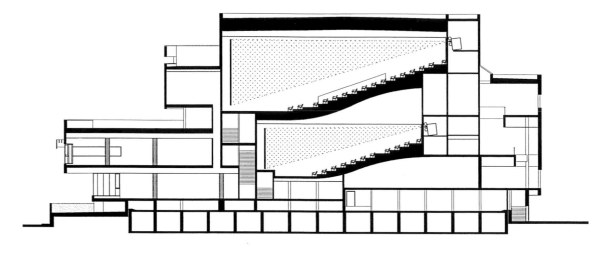

Entertainmentcenter, Schnitt durch die Kinosäle
Entertainment centre, cross-section through the movie halls

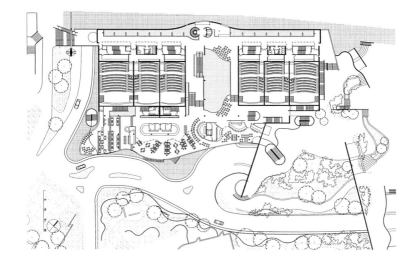

Grundriss des Obergeschosses
Upper level plan

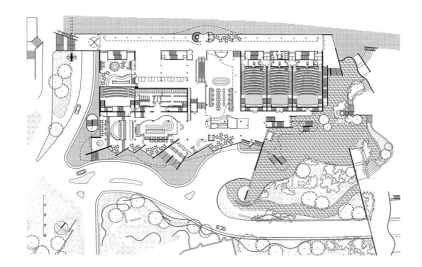

Grundriss der Eingangsebene
Entrance concourse level plan

Zentrale dreigeschossige Halle
Central 3-storey hall

Entertainmentcenter, Galerie
Entertainment centre, gallery

Der 34-geschossige Wohnturm mit 370 Wohnungen
und einem siebengeschossigen Bürotrakt
The 34-storey tower containing 370 apartments
and a 7-storey office wing

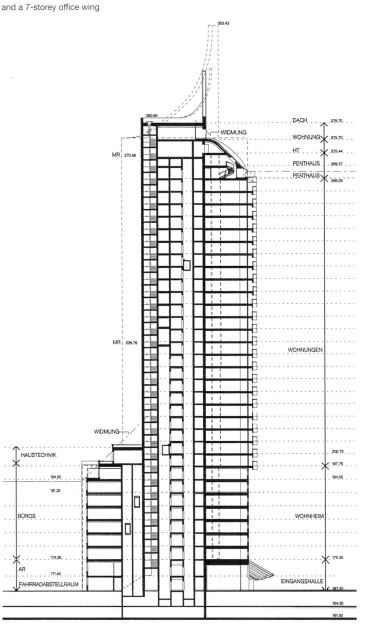

Die Treppe in einer Penthouse-Wohnung
The interior staircase in a penthouse apartment

1. Eingangshalle Süd
2. Eingangshalle Ost
3. Geshäft
4. Cafe
5. Gemeinschaftsraum
6. Sitzgruppe
7. Gang
8. Waschraum
9. Bügelraum / Trockenraum
10. Fahrradabstellraum
11. Kontrolle / Portier
12. Spielplatz
13. WC Damen
14. WC Herren
15. Küche
16. Stiegenhaus WND Tunnel
17. Fitnessraum
18. Sauna
19. Rüheraum
20. Lager Büros
21. Technik
22. Schleuse
23. Garage Aufzüge
24. Wohnungen Aufzüge
25. Büros Aufzüge
26. Feuerwehr Aufzüge
27. Luftraum
28. Garderoben
29. Terrasse Cafe

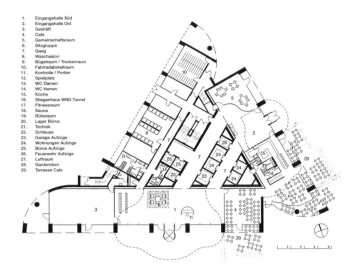

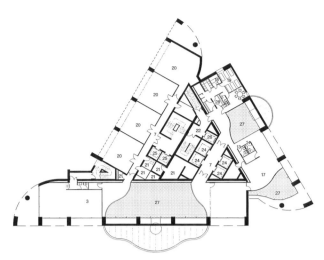

Grundriss Eingangsgeschoss
Entrance plan

Zwischengeschoss und Bürogrundrisse
Mezzanine and office plans

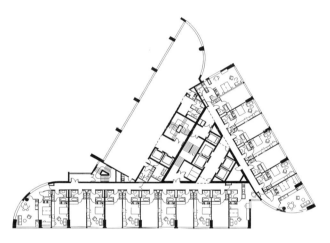

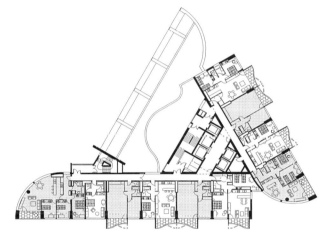

Einraumwohnungen in sieben Geschossen
Seven floors of one-room apartments

Typische Zwei- und Dreizimmerwohnungen
Typical one and two-bedroom apartments

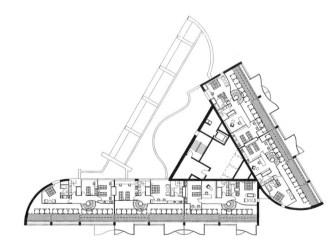

Zweigeschossige Penthäuser, untere Eingangseben
Two-storey penthouse apartments, lower entrance floor

Penthousewohnungen, oberes Geschoss
Penthouse apartments, upper level

▷▷
Konkave und konvexe Balkongruppen verschiedener Wohnungstypen
mit unterschiedlichen Ausblicken / Concave and convex grouping of balconies
depending on apartment sizes, offering different views

Blick auf den Wohnturm vom Kindergarten und vom Donauufer
The tower seen from the kindergarten and from the waterfront recreation area

85

Blick auf das Hochhaus vom Entertainmentcenter aus
The tower seen from the entertainment centre

Blick vom Hochhaus über die Donau mit dem Erholungsgebiet der Donauinsel auf die Wiener Innenstadt
View from the tower over the Danube with its central recreation island and the city of Vienna in the distance

▷▷
Das Hochhaus am Naherholungsgebiet des Kaiserwassers
The tower overlooking the Kaiserwasser recreation area

Beteiligte Bauträger und Firmen
Developers and Firms

Bauherr/ **Developer:**	Wohnpark Neue Donau Projektierungs- und Errichtungsgesellschaft (ARWAG/BAI/SEG)
Hochhaus/ **Tower:**	ARWAG-Holding Aktiengesellschaft
Baubetreuer (Hochhaus) **Construction Manager (Tower):**	Herbert Niedermayer
Kinocenter **Cinema Centre:**	Cineplexx-Kinobetriebe GmbH
Planung **Design and Planning:**	Harry Seidler & Associates, Sydney/Wien/**Vienna**
Mitarbeiter **Collaborators:**	Greg Holman, John Curro, Yoji Kurisu
Kontaktarchitekten **Contact Architects:**	Nehrer + Medek und Partner, Wien/**Vienna**
Mitarbeiter/**Collaborator:**	Herbert Pohl
Kontaktarchitekten (Hochhaus)/**Contact Architects (Tower):**	Marchart, Moebius und Partner, nachfolgend/**hereinafter:** Moser Architekten, Wien/**Vienna**
Mitarbeiter/**Collaborator:**	Franz Pleterski
Kinocenter **Cinema Centre:**	Ostertag & Partner, Wien/**Vienna**
Mitarbeiter/**Collaborator:**	Werner Mitterhauser
Statik/**Statics:**	Friedreich + Partner, Wien/**Vienna, Josef Mayer**
Statik (Hochhaus) **Statics (Tower):**	Vasko + Partner, Wien/**Vienna**
Statik (Kinocenter) **Statics(Cinema Center):**	Vasko + Partner, Wien/**Vienna**
Haustechnik **Installation Techniques:**	Freudensprung Engineering, Wien/**Vienna**
Haustechnik **Installation Techniques** (Hochhaus/**Tower):**	Freudensprung Engineering, Wien/**Vienna**
Bauphysik **Building Physics:**	Franz Kalwoda, Wien/**Vienna**

Überreichung der Goldenen Ehrenmedaille der Bundeshauptstadt Wien an Harry Seidler durch Bürgermeister Helmut Zilk in Anwesenheit von Penelope Seidler, 1989

Harry Seidler receives the Medal of Honour of the City of Vienna from Mayor Helmut Zilk in the presence of Penelope Seidler, 1989

Enthüllung des Wohnpark-Modells durch Bürgermeister Helmut Zilk, Harry Seidler, ARWAG-Generaldirektor Franz Hauberl und Planungsstadtrat Hannes Swoboda, 1993

Unveiling of the Neue Donau Housing Estate model by Mayor Helmut Zilk, Harry Seidler, ARWAG General Director Franz Hauberl, and Councillor for City Planning Hannes Swoboda, 1993

Zeitablauf des Projekts Wohnpark Neue Donau
Chronology of the Building of Neue Donau Housing Estate Project

05/1990	Erste Kontakte Harry Seidlers zur Wiener Stadtplanung anlässlich der Überreichung der 1989 verliehenen Goldenen Ehrenmedaille der Bundeshauptstadt Wien durch Bürgermeister Helmut Zilk **Harry Seidler receives the Medal of Honour of Vienna by Mayor Helmut Zilk which leads to the first contacts with the City Planning Department**
1991/92	Gespräche mit dem Wiener Planungsstadtrat Hannes Swoboda **Several discussions with Hannes Swoboda, Councillor for Urban Planning**
01/1993	Auftrag der Stadt Wien zur Erstellung eines städtebaulichen und architektonischen Entwurfs **Commission of the city of Vienna to develop a design for Neue Donau Housing Estate**
04/1993	Präsentation des Modells / **Presentation of the first model to the city**
04/1994	Baubeginn der »Platte« über der A22 **The start of the construction on the covering of the expressway**
06/1996	Fertigstellung der »Platte« / **Completion of the covering**
08/1996	Baubeginn Wohnpark Neue Donau **The start of the construction of the Neue Donau Housing Estate**
09/1999	Fertigstellung Wohnpark Neue Donau (ohne Hochhaus), Eröffnung durch Bürgermeister Michael Häupl und Wohnbaustadtrat Werner Faymann, Grundsteinlegung für das Hochhaus durch Stadtrat Werner Faymann und Harry Seidler **Completion of Neue Donau Housing Estate, inauguration by Mayor Michael Häupl and the Councillor for Housing, Werner Faymann; laying of foundation stone for the tower by Werner Faymann and Harry Seidler**
10/1999	Baubeginn des Hochhauses / **Start of construction of the tower**
09/2000	Fertigstellung des Rohbaus, Gleichenfeier **Completion of main structure of the tower, topping-out ceremony**
11/2001	Fertigstellung des Hochhauses / **Completion of the tower**

Grundsteinlegung für das Hochhaus durch Harry Seidler und Wohnbaustadtrat Werner Faymann, 1999

Harry Seidler and the Councillor for Housing, Werner Faymann, lay the foundation stone of the tower, 1999

Eröffnung des Wohnparks Neue Donau, Harry Seidler, Bürgermeister Michael Häupl, ARWAG-Generaldirektor Franz Hauberl, 1999

Celebration of the completion of Neue Donau Housing Estate, Harry Seidler, Mayor Michael Häupl, General Director of ARWAG, Franz Hauberl, 1999

Monographien
Monographs

Peter Blake, *Architecture for the new world.*
The work of Harry Seidler,
Sydney/New York/Stuttgart 1973

Kenneth Frampton/Philip Drew,
Harry Seidler: Four Decades of Architecture, London/New York 1992

Dennis Sharp, The Master Architects Series III,
Harry Seidler, Mulgrave/Victoria 1997

Literaturverzeichnis
Bibliography

Friedrich Achleitner, *Österreichische Architektur im 20. Jahrhundert*,
Bd. 1–3, Wien 1980, 1983, 1990

Otto Bauer, *Die Geschichte der österreichischen Revolution*, Wien 1929

Eve Blau, *The Architecture of Red Vienna 1919–1934*, Cambridge/London 1999

Erich Bramhas, *Der Wiener Gemeindebau*, Wien 1987

Günther Chaloupek, Peter Eigner und Michael Wagner, *Wien – Wirtschaftsgeschichte
1740–1938*, Wien 1991

Robert Danneberg, *Das neue Wien*, 5. Aufl., Wien 1930

Das Neue Wien (Städtewerk), Bd. 1–4, Wien 1926/27

Peter Feldbauer, *Stadtwachstum und Wohnungsnot*, Wien 1977

Wolfgang Förster und/and Klaus Novy, *einfach bauen,* Wien 1985

Wolfgang Förster, *Die Wiener Gemeinde- und Genossenschaftssiedlungen
vor dem Zweiten Weltkrieg – Arbeiterwohnungsbau und Gartenstadtbewegung*,
Diss. Unveröff., Wien 1978

Wolfgang Förster et al, *Wohnungen für Wien,* Wien 1992

Josef Frank, *Der Volkswohnungspalast,* in: *Der Aufbau*, H.7, Wien 1926

Josef Frank, *Die internationale Werkbundausstellung in Wien,* Wien 1932

Charles Gulick, *Von Habsburg zu Hitler*, 2. Aufl., Wien 1976

Hans Hautmann und/and Rudolf Hautmann, *Die Gemeindebauten des Roten Wien
1919–1934*, Wien 1980

Magistrat der Stadt Wien, *Das Wohnungswesen der Stadt Wien,* Wien 1929

Peter Marchart, *Wohnbau in Wien 1923–1983,* Wien 1984

Wilfried Posch, *Die Wiener Gartenstadtbewegung*, Wien 1981

Roland Rainer, *Städtebauliches Grundkonzept für Wien*, Wien 1961

Susanne Reppé, *Der Karl-Marx-Hof*, Wien 1993

Heinrich Schmid und/and Hermann Aichinger, *Ausgeführte Bauten*,
Wien/Leipzig 1931

Stadtplanung Wien/Architekturzentrum Wien, *Architektur Wien, 500 Bauten*,
Wien/New York 1997

Dietmar Steiner (Hrsg./ed.), *Wiener Wohnbau – Wirklichkeiten*, Wien 1985

Manfredo Tafuri, *Vienna rossa*, Venedig 1980

Helmut Weihsmann, *Das Rote Wien*, Wien 1985

Biographie Harry Seidler
Biography Harry Seidler

| 25/06/1923 | Geboren in Wien als Sohn von Max Seidler und Rose Schwarz |
| 06/25/1923 | **Born in Vienna, parents are Max Seidler and Rose Schwarz** |

| bis 06/1938 | Besuch von Volksschule und Wasagymnasium in Wien |
| until 06/1938 | **Attended primary and grammar school in Vienna** |

| 09/1938 | Emigration nach England, Besuch der Polytechnischen Schule in Cambridge |
| | **Emigration to England, attends Polytechnic School in Cambridge** |

| 05/1940 | Internierung als »feindlicher Ausländer« in Liverpool, Isle of Man und Sherbrooke, Kanada |
| −10/1941 | **Internment as an 'enemy alien' in Liverpool, Isle of Man, and Sherbrooke in Canada** |

| 1941–1946 | Architekturstudium University of Manitoba und Harvard University bei Walter Gropius, Designstudium am Black Mountain College NC bei Josef Albers |
| | **Architectural studies at the University of Manitoba and at Harvard University under Walter Gropius. Study of design at Black Mountain College, NC, under Josef Albers** |

| 1946–1948 | Mitarbeiter von Marcel Breuer, New York, und Oscar Niemeyer, Rio de Janeiro |
| | **Marcel Breuer's chief assistant, New York, and work with Oscar Niemeyer, Rio de Janeiro** |

| 1948 | Übersiedlung nach Sydney |
| | **Moved to Sydney** |

| 1948–1950 | Erster Bau in Australien für Harry Seidlers Mutter, Rose Seidler (heute im Eigentum des Historic Houses Trust of New South Wales) |
| | **First building in Australia for Harry Seidler's mother, Rose Seidler (now owned by the Historic Houses Trust of New South Wales)** |

| 1958 | Heirat mit Penelope Evatt |
| | **Marriage to Penelope Evatt** |

| seit 1950 | Zahlreiche Bauten und Projekte in Australien, Europa, Mittelamerika und Asien, u.a. Australische Botschaft in Paris; Hong Kong Club Tower; Australia Square, MLC Center, Grosvenor Place, Capita Center, Horizon Apartments (alle Sydney); QV1 (Perth); Shell Headquarters und Waverley Civic Center (Melbourne); Riverside Tower (Brisbane); Wohnpark Neue Donau (Wien) |
| since 1950 | **Numerous buildings and projects in Australia, Europe, Central America, and Asia; among others: Australian Embassy in Paris; Hong Kong Club Tower; Australia Square, MLC Center, Grosvenor Place, Capita Center, Horizon Apartments (all in Sydney); QV1 (Perth); Shell Headquarters and Waverley Civic Center (Melbourne); Riverside Tower (Brisbane); Neue Donau Housing Estate (Vienna)** |

Lehr- und Vortragstätigkeit an der Harvard University (1976/77), University of Virginia (1978), ETH Zürich (1993) und an einigen Australischen Universitäten
Taught and lectured at Harvard University (1976/77), University of Virginia (1978), ETH Zurich (1993) and several Australian universities

Zahlreiche Auszeichnungen: u.a. Honorary Fellow des American Institute of Architects und des Royal Institute of British Architects, Royal Gold Medal 1996; Life Fellow des Royal Australian Institute of Architects – Seidler erhielt fünf Sulman Medals und die Goldmedaille des Instituts (1976); Companion, Order of Australia AC (1987), Order of the British Empire OBE (1972); Mitglied der Académie d'Architecture de France (1982); Ehrenmedaille der Bundeshauptstadt Wien in Gold (1989); Österreichisches Ehrenkreuz für Wissenschaft und Kunst I. Klasse (1995); Ehrendoktorate der Universität Manitoba (1988), University of Technology, Sydney (1991), University of New South Wales (1999) und der University of Sydney (2000)
Numerous honours: Honorary Fellow of the American Institute of Architects and the Royal Institute of British Architects, Royal Gold Medal (1996); Life Fellow of the Australian Institute of Architects, five Sulman Medals, Gold Medal of the Institute (1976); Companion, Order of Australia AC (1987), Order of the British Empire OBE (1972); Member of the Académie d'Architecture de France (1982); Medal of Honour of the City of Vienna (1989), Austrian Cross of Honour for Arts and Sciences 1st Class (1995); Honorary Doctorates from the University of Manitoba (1988), University of Technology, Sydney (1991), University of New South Wales (1999) and the University of Sydney (2000)

Der Autor
The Author

Wolfgang Förster wurde 1953 in Wien geboren, Architekturstudium in Wien und Graz, post-graduate Ausbildung in Politologie, langjähriger Mitarbeiter des Wiener Bodenbereitstellungs- und Stadterneuerungs-fonds und der Stadt Wien, Experte für Wohnungsbau und Stadterneuerung, zahlreiche Veröffentlichungen zu diesen Themen.

Wolfgang Förster was born in Vienna in 1953. He studied architecture in Vienna and Graz and has a post-graduate degree in political sciences. He has for many years worked for the Vienna Land Procurement and Urban Renewal Fund and for the city of Vienna. He is a housing and urban renewal expert and has numerous publications to his name.

Photonachweis / Photo Credits:

1, 2, 9, 13, 14, 17, 18, 19, 20, 28, 33, 34, 39
sowie alle Abbildungen S./ as well as all images on
pp. 35–43 Harry Seidler
S./p. 50, S./pp. 52–90 Harry Seidler/Eric Sierins
4, 6, 7, 15 Wolfgang Förster
24, 25 Wiener Bodenbereitstellungs- und
Stadterneuerungsfonds (WBSF)
3 WBSF/Photoarchive Lammerhuber/
Cathrine Stukhard
5, 10, 11, 12, 16 Wiener Stadt- und Landesarchiv
8 Wiener Stadt- und Landesbibliothek/Plakatsamm-
lung
21, 22, 23, 26, 27, 29, 32, 36, 37, 38, 57
Magistrat der Stadt Wien/MA 18/Christanell
30/31 Elke Meissl/Roman Delugan
35 Dieter Blaich/Kaj Delugan
S./p. 76 o./top Harry Seidler/Frank Stella
S./p. 92 l. Presse und Informationsdienst
der Stadt Wien
S./p. 92 r., S./p. 93 l. und/and r. ARWAG